笑顔のうちにあるもの

福井 生《いくる》[著]

いのちのことば社

序文

木村良己

サンガイ・ジウナコ・ラギ（みんなで生きるために）

同志社大学の学生だったころ、日本キリスト教海外医療協力会（JOCS）ネパール派遣ワーカーの岩村昇医師の話を聞き、ネパールでの医療活動を通して語られたエピソードに、心の底から揺り動かされました。

「結核キャラバンの途中に立ち寄った村で、とても重症のおばあさんと出会った。すぐにでも入院する必要があったが、タンセンの病院までは三つの山を越えなければならない。困り果てていた時に、たまたま荷物を届けにきた若者が、おばあさんを背負って運んでくれた。三日三晩かかってようやく病院に辿り着き、この大変な労働に対してお礼を支払おうとしたところ、『ドクター、ボクはお金儲けのためにこのおばあさんを運んだわけじゃない』と若者は断った。『じゃあ、何のためにここまで担いでくれたのか？』と尋ねると、『〝サンガイ・ジウナコ・ラギ〟（＝みんなで生きるために）。だってドクター、ボクは若い。

健康で体力がある。ボクに余っている体力を、このおばあさんにほんの三日間、おすそ分けしただけだ』、そう言って、お金を受け取らずに去って行った。その若者の服はボロボロ、裸足だった足の裏は血にまみれていた」というエピソード。「ネパールでは医療施設に恵まれず、結核・栄養失調が多い。生活改善のため、ぜひ青年の協力が欲しい」と訴えられ、急遽組織化された日本キリスト教団京都教区ネパール・ワークキャンプ・公衆衛生部門のトイレ作りに参加し、青春の汗を流しました。

高度経済成長、競争社会の真っ只中、「アジアのためにではなく、共に!」「ビスターライ!（ゆっくりゆっくり）」と時代の流れに抗って生きようとしながらも呑み込まれ続けるなか、次々と出版された止揚学園からの生の声は、活動分野は違えども、根っこのところで共感を覚えると同時に、生きていくうえで大切なものを教えられ続けてきました。

止揚学園への旅

同志社高等学校に入社し、しばらくしてクリスマス献金の送付方法について議論になりました。「振込で献金を送金するだけでなく、現場をお訪ねして献金を届けてはどうか?」そして、その企画の一つとして、ちょっと遠かったけれど、止揚学園を訪ねることになりました。「生き方がハンサムな同志社人」として、学びを自分以外の誰かと分かち合い、用いられる喜びと嬉しさを感じるために……一九八七年のことでした。

今でこそ、学校から地下鉄・琵琶湖線新快速を乗り継いで一時間半もあれば止揚学園に着いてしまいます。でも、当時は市バス・地下鉄・東海道線を乗り継いで、「往復五時間、滞在四時間だね」とは生徒たちの囁き。しかも、クリスマス・プレゼントにと竹を輪っかにして稲藁を巻き、剪定・枝打ちされた杉の葉で覆って、みんなで作った巨大クリスマス・リースの材料は、すべて近隣農家からのいただきもの。クリスマス献金の一部と一緒に交代で抱きかかえながらの移動でしたが、各駅停車・道草いっぱい・非効率的に見えたけれど、共に食することで共に在ることを実感し、深いところで通じ合えたような気になる温もり溢れる旅となりました。

一緒に行ったやんちゃ坊主の一人が、当時流行の膝に少し穴の空いたダメージ・ジーンズをはいて参加していたのですが、「ズボンかわいそう」と膝をさすられ続け、ちょっぴり動揺。以来、そのジーンズをはいている姿を見なくなったのは、彼の中に自己変革が起こった証拠なのかもしれません。

止揚学園からのおつかい

「木村くん。ネパールに行くのならパキスタンにも寄ってきてよ。支援金を預けるから」。

そう頼まれて断ることもできず、ネパールからの帰路、逆方向のパキスタンに向かい、止揚学園から贈られたというバンに乗って、「ダー・ウル・マサラート（幸福の家）」へ。ここは、かつて止揚学園で半年間トレーニングを受けたアザライアさんが、帰国後設立したホームで、逆に福井生さんも、ここで研修を受けたと聞きました。

思いがけず引き受けた止揚学園からのおつかいは、さらに自動小銃携行の護衛つきで、異様な緊迫感を感じながら移動したアフガン難民キャンプへと、道を開いてくれました。冒頭触れた岩村医師の講演に触発され、ＪＯＣＳワーカーとしてパキスタンで医療活動に従事し、「百の診療所よりも一本の用水路を」と語り、アフガニスタンで銃撃されて亡くなった中村哲医師の働きの一端に触れる出会いでもありました。

遠回りの帰国ルートは、止揚学園が蒔いた種、岩村医師が蒔いた種が、「月と星の国＝パキスタン」で見事に実を結んでいる事実に出会わせてくれました。その憧れや感動は、未来を生きる人間の原動力となることを痛感したおつかいとなりました。

強高速から弱低遅へ！

今、巷《ちまた》は「東京オリンピック・パラリンピック」の話題でいっぱい。オリンピックのモットーは、「より速く（Citius）！　より高く（Altius）！　より強く（Fortius）！」アスリートの活躍は素敵ですが、国別メダル獲得数に一喜一憂するのは、なぜなのでしょう?

一方、止揚学園には「弱さ・低さ・遅さ」が堂々と、しかもふんだんに溢れています。その証明として、止揚学園から届く手紙が、いつも心のこもった、とびきり丁寧な文字で綴られているのをご存じでしょう。そこには、共に生きる仲間たちの日常の姿と出来事がきめ細かく、やさしい言葉で綴られ、合理的すぎる視点からは簡単には理解できない、「みんなで生きる」ことを諦めない止揚学園の心意気が響いてきます。

「誰が生き残るか?」という空気漂う時代に、「みんなで生きるにはどうしたらいいか?」その答えは、止揚学園という空間で仲間と時間を過ごせば、心に刻まれます。「低さ」にこそ注がれる神の愛をふんだんに受けとめながら、手と手を繋いで、ゆっくり歩き、歩く「遅さ」で生活しながら、一緒に食卓を囲み、聴き合い、かまい合い、「弱さ」を絆として笑顔で繋がり合う仲間たち。そこに笑顔があるから人が集まり、笑顔の連鎖で楽しくなり、幸せに満ち溢れた空間が広がっていくのでしょう。

「サンガイ・ジウナコ・ラギ（みんなで生きるために）」。


（同志社中学校・高等学校　教員）

目　次

II

I　笑顔のうちにあるもの

1　祈りは希望です

私は、滋賀県東近江市にある知能に重い障がいがある仲間の施設「止揚学園《しようがくえん》」の園長をしている福井生《いくる》といいます。止揚学園は今年で創立五十八年を迎えました。これまで共に生活する歳月の中で、私たちはいろんなことを経験し、その一つ一つと真剣に向き合い、家族のように毎日を過ごしてきました。

この日々の中で最近思うことがあります。これからの仲間たちとの未来はどうなっていくのか、ということです。今日現在、障がいがあるとされ、弱い立場に立たされている仲間たちに、「障がい」というハードルを作り出しているのは、ほかならぬ私たち、障がいがないとされる者たちです。仲間たちにとって新たな「障がい」が現出し、仲間たちの生きる意味を問われるような、そんな未来でないことを私は願い、その願いは祈りへと変わっていきます。

祈りは希望です。祈りのうちに不安は和らぎ、明るい希望が与えられます。そんななか、

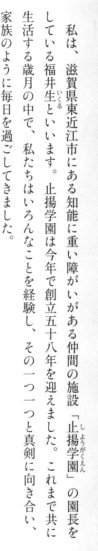

止揚学園

あるとき私は新たな気持ちになり、あるお母さんからいただいた手紙をもう一度読み直しました。その方の娘さんには知能に障がいがあります。その手紙には、お子さんの学校生活のことが認《したた》められていました。

娘さんの学校生活は、周囲の皆さんの優しい心に包まれて温かいものになっているそうです。けれどもその手紙は読んでいて、気持ちを和ませてくれる一方で、文章のところどころからそのお母さんの不安を感じてしまいました。

朝、髪に可愛いリボンを結ぶときに、どうかこのリボンに気づき、クラスのだれかが話しかけてくれたらいいな、とお母さんは願われます。

上靴を洗いながら、学校の階段で転びま

せんように、と願われます。

お子さんの通っている小学校ならば、だれかが声をかけてくれたり、階段でもだれかが支えてくれたりするでしょう。しかし、学校の外ではどうなのでしょうか。すべての人が優しい思いを持ってくれるのでしょうか。

お母さんは、不安を熱い涙で打ち消し、願われるのです。どうかすべての人々のまなざしが、娘を優しく包んでくれる社会でありますように、と。

社会という大きな流れの中で、自らの非力さを感じ、それでも生命《いのち》を守るために立ち上がらなければならないとき、人は願いを越えて、祈り始めます。このお母さんはすべての人々を信頼しようとされ、その願いは祈りへと変わるのです。

障がいがないとされる私たちも、だれもが幸せを感じられる社会の到来を祈ります。しかし私たちの流す涙は、いったいどれほど熱いものでしょうか。

ここ数年、特に知能に重い障がいがある人たちの入園を希望するご家族の来園が増えてきています。この方々の生活をする場が減少しつつあるからです。

現代社会は、競争をして一番になることよりも、唯一の自分を大切にしようとする傾向があります。以前に比べて競い合うことがすべてということがなくなってきて、それはそれで良いことなのかもしれません。けれどもその一方で、その唯一の自分の殻に閉じこもって、今そこに起こっている悲しい状況に向き合おうとしないという無関心さを感じます。人は、ひとりでは生きていけない存在です。人と人との繋《つな》がりの中で、支え、支えられて、はじめて唯一の自分が存在することができるのではないでしょうか。その繋がりの中に、知能に重い障がいがある人たちもいるのです。

止揚学園の仲間たちは、目に見える生産性において成果をあげることは難しい人たちです。ある方々はこの生産能力の有無で人の生きている価値を決めようとします。それゆえ、今本当に恐ろしいことが起こっています。

止揚学園の仲間たちとの日々の生活の中で、仲間たちの笑顔のうちに優しい声が聞こえてきます。この社会には、特別な人など存在しない。みんな同じ生命を与えられていて、生命で繋がっているのだ、と。あとは支え合うことがあるだけなのだ、という声をはっきりと聞くことができます。その笑顔の根本は熱い涙です。だからその声は祈りなのです。希望なのです。

2 いつも一緒です

今から五十八年前、止揚学園は、知能に重い障がいがある子どもたちの施設でした。しかし、ある年齢に達したら大人の施設に移らなければいけないというのでは寂しいので、一九八九年に成人の施設にかわりました。

現在三十九人の入園者とほぼ同数の職員がいます。そして職員の子どもたちも含め、皆で家族のように生活しています。止揚学園で与えられたこの出会いを人生の終わりの時まで一緒に歩んでいこうという理想を持ち続けてきました。

これまで、障がいがあるとされる者と、ないとされる者が心と心を繋《つな》げようと葛藤してきた日々でした。その中でわかったことは、人は必ずしも目標に向かって常に強い姿勢を持ち続ける必要はないということです。ゆっくりと休んでもよいということです。大切なのは、その人の弱い部分を許そうとすることです。許し合うことの意味を深く感じ、祈りつつ歩んできた止揚学園はいつのまにか、みんなにとっての心休まる家になっていました。

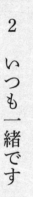

毎年、召天者記念礼拝にはお一人お一人紹介します

止揚学園には納骨堂があります。これまでに、入園していた方、そのご家族、職員のご家族、そして止揚学園のことを支えてくださった皆さん、八十三名が入っておられます。

毎年召天者記念礼拝を持ち、私は納骨されている方すべてのお名前、思い出をお話しします。そのときには胸が熱くなります。

知能に重い障がいがある仲間たちは、その思い出とともに、今日もお父さん、お母さんと一緒に過ごしていると思うからです。

召天された皆様の写真は普段、仲間たちが日中に過ごすホールの壁に飾られています。

写真のお父さんとお母さんに向かって雅

人さんは声を掛けます。

「いっしょ。いっしょ。」

ごはんを食べるときも、お風呂に入っているときも、ご家族といつも一緒だと雅人さんは思っています。そして写真のお父さん、お母さんは、いつも優しい笑顔です。

この召天者記念礼拝の日、雅人さんのお父さんのことを紹介する順番になりました。私が言葉に詰まったのは、お父さんがお話しくださったあることを思い出したからです。お父さんは寡黙《かもく》な方でした。そんなお父さんが話してくださいました。

雅人さんは小さかったころ、言葉を話すことがありませんでした。毎日お風呂に一緒に入り、湯船につかり、何かしゃべってほしくて、お父さんは自分を指さして、

「これ、父ちゃん、父ちゃんやで」

と繰り返し、雅人さんが真似をして言ってくれるよう、話しかけていたそうです。

ある日、とうとう雅人さんが、

「とうちゃん」

と言ってくれました。そのときのことがお父さんの大切な思い出なのでしょう。雅人さんが一番初めに話した言葉は「父ちゃん」なのだと、嬉しそうに話してくださったのです。

お父さんの照れた笑顔は、私の中に深く刻まれました。

「共に生きる」ことは簡単なことではありません。自らが共に歩んでいると思っていても、相手はそう思っていないこともあるからです。そんなとき、先に召された仲間たちのことを思い出します。歩みのうちになしえた成果よりも、仲間たちと心を繋げようとした日々。生命《いのち》を何とか支えようとした日々。その途上の日々を仲間たちは今、天国で、優しく見つめてくれていると思います。そう思うと、私は明るい希望に満たされるのです。

止揚学園の私たちは、天に召された皆さんが励ましてくださるから、「共に生きる」ことを諦《あきら》めないのです。

召天された仲間たちは、天国で、私たちが知っているそのままの姿で、そのままを受け入れられて笑顔で過ごしているでしょう。障がいがあるとされる者と、ないとされる者としての現代社会の日々は、一瞬の閃《ひらめ》きなのでしょう。けれども今も温かさに満ちています。なぜなら召天された仲間たちの写真がその笑顔のうちに私たちに優しく語りかけてくれるからです。今この時、私たちは孤独ではないことを。

「いつも一緒です。」

そう聞こえてきます。

3　笑顔のおこぼれ

現在の社会は、福祉の仕事に就こうとする若い人たちが少なくなってきています。この間も、ある学校の福祉科の先生とお話ししましたが、今年の入学生は定員に満たないと語っておられました。支えが必要な方が年々増加するなかで、福祉の現場に人が入ってこない現状を思うとき、若い方々に、福祉現場には人間が生きていくための本質があることを知っていただきたいと願い、深く祈るのです。

今年は嬉しいことに、止揚学園では祈りのうちに一人の女性新任職員を迎えることができました。名前を本永さんといいます。

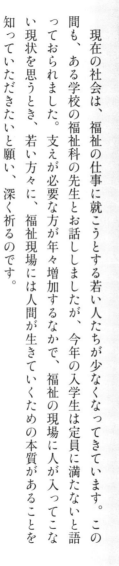

止揚学園の職員には、入園者のご家族よりも、その入園者と長い時間を過ごしている人が少なくありません。そして心豊かな歳月の積み重ねのうちに、障がいがあるとされる者も、ないとされる者も、お互いを深く知るようになってきました。

本永さんは着任後、修さんの食事のお世話をすることになりました。修さんは止揚学園

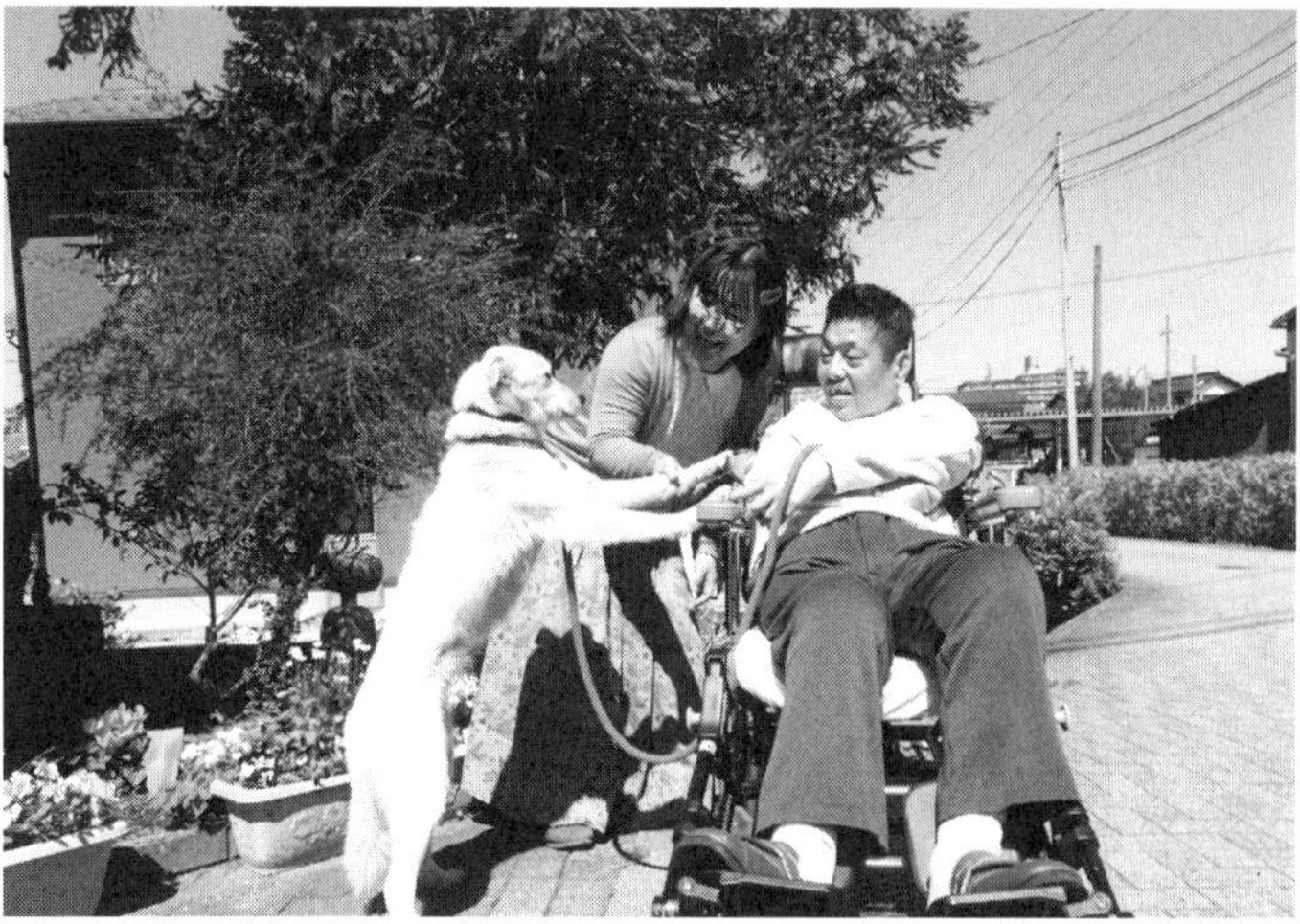

「一緒に散歩にいきましょう」

創立のころからいる方です。毎食後にてんかん発作の薬を服用しなければなりません。ところが、気が進まずになかなか服用しない時もあります。

これまで何人もの新任職員がこのような状況と向かい合ってきました。しかし発作のこともあり、薬はどうしても飲まなければならないので、いわゆるベテランと呼ばれる職員が隣に座り、優しく声を掛けます。そうすると修さんは薬を飲んでくれます。そこには、長い歳月の間に培《つちか》われた信頼関係があるのです。

本永さんの時も修さんはなかなか飲んでくれませんでした。でも今回はいつもと様子が違いました。薬の服用に気の進まない修さんを見て、本永さんが、

「そんなに飲まないのだったら、代わりに私が飲んじゃうよ」
と可愛く声を掛けてくれたのです。

ちょっと空気が止まったような瞬間があった後、修さんが薬を飲んでくれました。

これまで止揚学園が歩んできたなかで、たくさんの心弾む瞬間がありました。修さんと本永さんの世代を越えた、新たな関係の持ち方に、新しい時代の芽吹きをも感じました。

考えてみれば、私も、そのままの自分を素直に出してくれる本永さんの温かさに触れれば、自分のほうがしっかりしなくてはと、安心させてあげようと、薬を喜んで飲んであげるだろうと思います。人は心の温かさに包まれたとき、心を動かされるからです。

本永さんが新しく加わることによって、さらに嬉しいことがありました。

入園している浩一さんは誤嚥性肺炎を起こして、病院に入院していましたが、容体も良くなり、止揚学園に帰って来ました。けれども、点滴で栄養を補給することは続けなければなりません。主治医の先生が「少しずつ口から食事をしていってください」と言ってくださいました。私たちは祈りつつ、その日々を続けています。この日々に必要なもの、それは希望から生まれる笑顔です。

浩一さんは、本永さんが部屋をのぞいて声を掛けるたびにニコニコと笑顔になります。

このことを本永さんに伝えると、嬉しそうに、「たまたまですよ」と謙虚な答えを返してくれます。私たちも嬉しいのです。祈りのうちに浩一さんの微笑みが保たれていることが。新任の職員に笑顔を向けてくれる優しい浩一さんの笑顔を見ることが、そして、その時の嬉しそうな本永さんを見ることが。

ある職員は本永さんの後ろをついて行きます。そしてニコニコ笑う浩一さんと出会い、「笑顔のおこぼれをもらった」と、みんなを喜ばせてくれます。笑顔から笑顔が生まれる日々です。

福祉の現場は人と人の心の繋《つな》がりを求める場です。心の繋げ方にマニュアルはありません。ベテラン職員だからとか、新任職員だからとか、そんなことでもありません。自らの優しい気持ちを素直に相手に伝えるとき、知能に重い障がいがある仲間たちは必ずその気持ちに応えてくれます。笑顔のうちに受けとめてくれます。

今日を新たに、職場のみんなで力を合わせて、支えが必要な方々と、心と心が繋がる喜びを感じることができるのが福祉の現場です。ここにこそ人間の生きる本質があります。

4　心のかたち

入園している祥子さんは、姉御肌《あねごはだ》の女性です。ご家族が塗装業を営んでおられます。職人肌のご家族の影響なのか、祥子さんは気風《きっぷ》が良く、頼れる存在です。

先日、お客様が止揚学園に来園されました。その方は、毎日コンピューターを使っての情報管理のお仕事をしておられるそうです。その方が仲間たちを前に、「私の仕事を当ててください」と、ジェスチャーをされました。両手を前に出して、キーボードを叩いているところでした。こんなときは、みんなが嬉しそうに手を挙げて答えます。

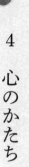

「ピアノ！」

「ちょっと、違いますね。」

「タイプライター！」

「だんだんと近づいてきましたね」

その方は、そろそろ解答が出るだろうと期待しておられました。ところが、そこが止揚

学園です。祥子さんが満面の笑みで、

「そろばん!」

と答えたのです。

間違っていたにもかかわらず、食堂は明るい笑いに包まれました。祥子さんが堂々としていたからです。そして、祥子さんには何といってもキーボードよりも、そろばんのほうが似合うからです。

その方も私たちと同じことを感じられたのでしょう、笑顔の輪に加わってくださいました。

後日、この話を祥子さんのご家族にすると、昔、家で五玉のそろばんを使っていたと教えてくださいました。祥子さんにとって、仕事をするときの道具は今も、そろばんなのです。かつて古き良き時代、職人さんたちのそばで、お母さんのそろばんをはじく音がしていたのかもしれません。

先日、誤嚥性肺炎を起こして長いあいだ入院していた浩一さんが、退院して来ました。

その日、みんなが玄関で迎えに出てくれました。

「お帰りなさい。浩一さん!」

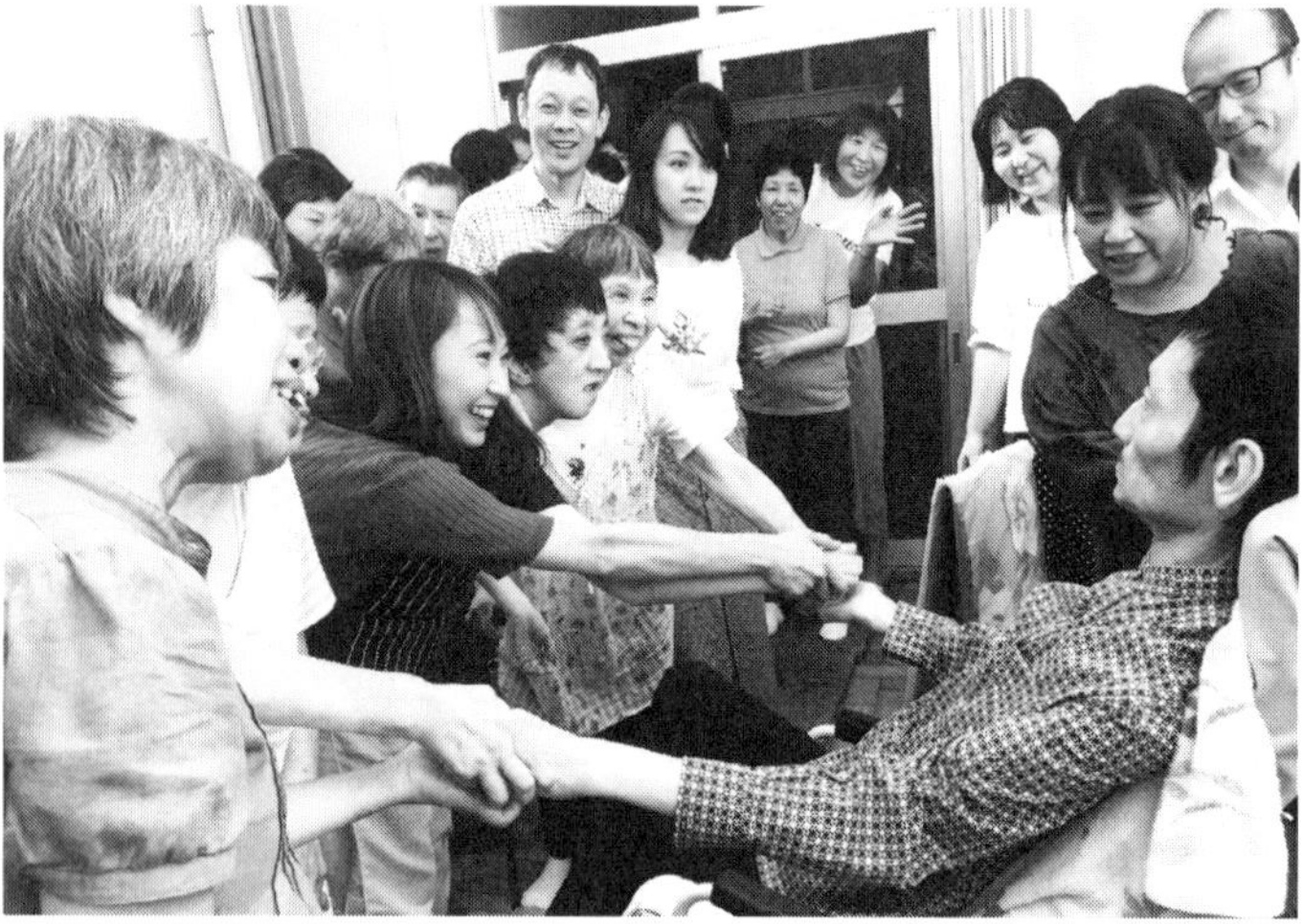
「胸がいっぱいや」「おかえりなさい」

みんなの歓声に、言葉を話すことが難しい浩一さんは、ニコニコと笑顔で答えていました。

そのとき、祥子さんが感無量の面持ちで、

「胸がいっぱいや!」

と言ってくれたのです。

祥子さんの話せる言葉は多くありません。職員のだれも祥子さんがそのようなことを今まで言ったのを聞いたことがありませんでした。嬉しい気持ちがそのまま素直にあふれ出てきたのでしょう。

それから数日してからのことです。男性職員の若手のホープともいうべき柴田君が風邪声でした。こじらせてはいけないからと、大事をとって休むことにしました。次の日、元気になって、みんなのところに現れました。柴田君は、祥子さんがどんな言葉をかけてくれるのかと楽しみにしていました。

すると、

「さぼってんなよ！」

とひとこと言って、優しいまなざしで柴田君を見つめていました。

「それが祥子さんです。浩一さんには決して言わないと思います。けれど、私には言ってくれるのです。」

柴田君は、「逆に励まされ、嬉しい気持ちが湧いてきました」と、笑顔で話してくれました。

仲間たちは一つ一つの言葉や笑顔のうちに、私たちを信頼して、そのままの心のかたちを見せてくれるのです。

私たちはみな、やきもちをやいたり、意地悪になったりした経験があるでしょう。知能に重い障がいがある仲間たちも同じです。このような経験をするたびに、自らの弱さに気づきます。ところが、仲間たちの弱さとの向き合い方は違うのです。

たとえば、だれかの持っているアクセサリーのほうが可愛いと思ったり、お茶碗に盛られるご飯の量が、自分のほうが少ないと思ったりと、そんなとき素直に自分の感じていることをさらけ出してくれます。その都度、私は「みんな同じですよ」と答えます。すると、すぐに納得し、笑顔になります。けれども、次の日、またその繰り返しです。やきもちも、意地悪も、喜びも、感謝も、堂々とそのままのかたちで仲間たちは見せてくれるのです。

弱さという、どうしても乗り越えられないものがあるなかで、それでも歩み続けなければならない私たちです。そんなとき、仲間たちが見せてくれる心のかたちを愛《いと》おしく思います。こうでなければならないかたちなどはありません。ただあるがままの心のかたちに包まれるとき、その温かさに、私たちは、また一歩前進していこうと思うのです。

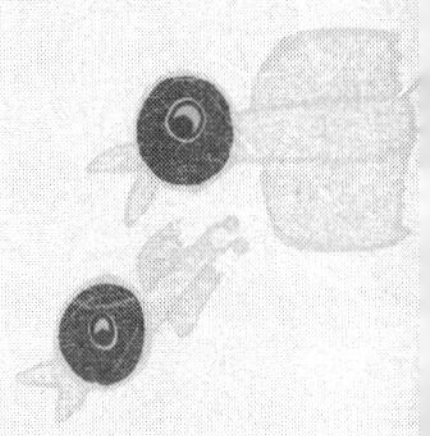

5　変わらないもの

止揚学園のクリスマスの一日は、多くのお客様とともに礼拝を持ち、知能に重い障がいがある仲間たちの劇があり、皆で楽しく食事をとりながらの祝会、そしてサンタクロースさんがやって来ます。

去年のクリスマス劇は「栗《くり》饅頭《まんじゅう》物語《ものがたり》」というタイトルでした。どの方もこのタイトルに首をかしげられました。「栗饅頭物語」は聖書のザアカイのお話がもとになっていて、舞台は日本、時代設定は江戸時代です。私がそのように説明すると、皆さんはさらに首をかしげられました。

仲間たちは時代劇が大好きです。特に水戸黄門のようなわかりやすい物語の展開が好まれます。

この劇の主な登場人物は、水戸のお爺《じい》さん、そして意地悪なお猿さんです。お猿さんが山の栗を独り占めにしてしまい、饅頭屋さんが栗饅頭をつくれなくなります。そこに水戸

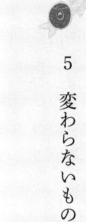

のお爺さんがやって来ます。一つ二つの展開後、お猿さんは、お爺さんが自分の気持ちに寄り添ってくれていることに気づきます。最後にお爺さんが、「みんなで一緒に食べましょう」と、着物の袂《たもと》から印籠《いんろう》ならぬ栗饅頭を出します。すると、「もう意地悪はしません」と、お猿さんは優しい気持ちを取り戻すのです。

あらすじを荒く説明しました。最後にはみんなが仲良くなるという全くの創作劇です。

水戸のお爺さんの役は弘明さんがしてくれました。弘明さんは、止揚学園が設立されて五十七年になりますが、設立した日に入園して来ました。今年で七十歳の古希を迎えます。実は弘明さんの大好物が栗饅頭なのです。

以前、饅頭屋さんに美味しそうな栗饅頭が並んでいるところを通りかかったとき、弘明さんがとても嬉しそうな顔をしました。おやつに栗饅頭が出されると、弘明さんは愛《いと》おしそうにそれを見つめ、なかなか食べようとしません。「もうごちそうさまをしますよ」とだれかが言うと、いつももったいなさそうに、やっと一口一口食べ始めます。その仕草が年下の私が言うのはおこがましいのですが、何とも愛おしいのです。

その饅頭屋さんで私は奮発してお土産に買って帰ることにしました。

栗饅頭がお皿に載せられ出されました。しかし今回は弘明さんの様子がいつもと違いま

栗饅頭物語のクライマックスシーン（右から二人目が弘明さん）

した。いつも以上の喜びでした。弘明さんは栗饅頭を手に取って、じっと見つめながら、涙を流したのです。それほどまでに栗饅頭が好きだったのかと私は奮発してよかったと、嬉しくなりました。

この出来事は止揚学園の中で楽しい話題となりました。それで今年のクリスマスは、弘明さんと栗饅頭を登場させ、みんなが心豊かになる劇にしようと試行錯誤のすえ、「栗饅頭物語」が誕生したわけです。

クリスマスの当日、好演中の弘明さんを舞台袖から見つめていました。好演中といっても歌舞伎のように見得《みえ》をきるわけでもありません。ただニコニコと笑って座っているだけです。

私はその面持ちに、弘明さんは、これまで食べてきたどの栗饅頭も好きなのだろうな、昔からずっと形が変わらなくて、どれもが美味しくて、嬉しくて、比べることができないほど一つ一つが輝いているのだろうなと思いました。そしてさらに思いを巡らしました。テーブルを囲んでいただいたあのときの栗饅頭、出かけたときに公園のベンチに座って美味しくいただいた栗饅頭、どのときにも弘明さんの嬉しそうな笑顔の周りにはみんなの笑顔がありました。

あのとき、栗饅頭を手に弘明さんが流した涙は、一つ一つのみんなとの思い出が優しい心の琴線に触れて、あふれ出たのかもしれません。

時の流れの中で、目に見えるものは変わり続けます。しかし、変わらないものがあります。それは、人の優しさと温かさです。そして神様の愛です。

このことを信じて、今日を感謝しながら歩む人を、「人生の達人」と呼びます。だから水戸のお爺さん役は弘明さんこそが適役だったのです。その笑顔こそが皆さんの心を打ったのです。

「栗饅頭物語」は、もちろんお客様の大歓声のうちに幕を閉じることができました。

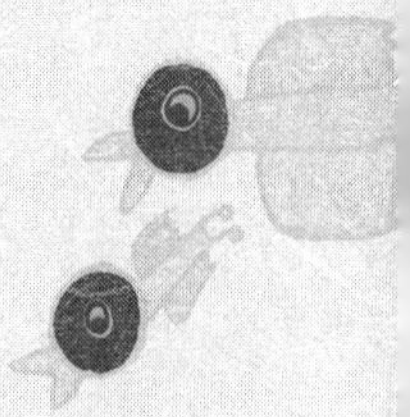

６　神様に誓います

ある日、新任職員の田中さんが嬉しそうにこんな話をしてくれました。

食前のお祈りをするとき、入園している仲間の真子さんは歳を重ね、お祈りの言葉を思い出すことが難しくなってきました。いつも田中さんは、復唱して言ってもらえるように、ゆっくりと一つ一つ言葉を区切って、真子さんと一緒にお祈りをしてくれます。その席には謙蔵さんも一緒です。謙蔵さんと真子さんは子どものころ、同じ時期に止揚学園に入園して来ました。そのお祈りの時のことです。

田中さんが「神様、美味しい食事をいただいて、ありがとうございます」と言うと、いつも謙蔵さんが、「た！」とはっきりと言い直してくれるというのです。そしてニコニコと笑って田中さんを見つめてくれます。仲間たちのお祈りは、「ありがとうございます」でなく、「ありがとうございました」なのです。

謙蔵さんは子どものころから、そのようにお祈りをしてきました。そしてそれは真子さ

んにとっても同じです。

田中さんは、真子さんがお祈りの言葉を思い出さなくてはならないと思っているわけでは決してありません。ただ、ときどきふっと真子さんが思い出す時があります。その一瞬に、真子さんのこれまで歩んできた尊い人生の歩みを感じます。祈りの時に心を合わせてくれている謙蔵さんが「た！」と言ってくれることは、真子さんのこれまでの尊い歩みを教えてくれているのかもしれません。祈りの時は、田中さんもその二人の人生の一員になれる嬉しい時なのです。

仲間たちの優しい心に包まれたとき、希望から生まれる温かい涙が心にあふれます。


先日、止揚学園の職員同士の結婚式がありました。新郎の福森君は、止揚学園の職員の子どもです。新婦の横水さんは学生の時に止揚学園で実習し、その出会いを通して知能に重い障がいがある仲間たちと共に歩むことを始めました。結婚式はこれまでの職員たちもそうであったように、止揚学園の建物で執り行われました。

長時間外出することが難しい仲間たちもいるなか、結婚する二人には、全員に参加してもらいたい、仲間たちに祝福され、神様に誓いをしたいという思いがありました。牧師先生は二人の思いを理解し、止揚学園で式を挙げてくださいました。

式後の祝賀会の席で福森君がこんな挨拶をしてくれました。

「自分は職員の子どもとして育ってきました。高校を卒業し、東京の大学に入りました。本当のことを言わせてもらいますと、下宿生活を前に、止揚学園から離れられることが嬉しかったのです。

東京でお出会いした方々は優しい方ばかりでした。このまま東京で就職しようと思いました。しかし何かが心から離れていくような気がしました。

これからもみんなと一緒に歩んでいきましょう

そしてその何かが私にとってとても大切なものでした。それは止揚学園のみんなの優しさです。離れているその時も止揚学園の皆が私を守り、待っていてくれることに気づきました。皆はすべての人を信頼し、待ってくれています。

私も皆が帰って来る場所を守りたいと思いました。だから、みんなのところに帰って来ました。」

祝賀会の皆様の温かい笑顔のうちに、私はこの日の朝の式のことを思い出していました。新郎が牧師先生に、「はい、誓います」と誓約する時のことです。だれもがそうであるように、新郎は緊張していました。「誓いますか?」と牧師先生に促されたその時、

「はい!」

と、もう一つの宣誓の声が強く、はっきりと会場に響いたのです。この声の正体は謙蔵さんでした。(これからもみんなで力を合わせ歩んでまいります)という止揚学園を代表しての、神様への宣誓でした。

結婚するということは、二人が厳しい社会の中で歩んでいくことではありません。新たに旅立つ二人に、(優しい心がこれからもたくさん繋《つな》がっていきます。優しい社会をみんなで信じ、歩んで行きましょう)と、謙蔵さんが二人にはっきりと語り、そして優しく二人を包んでくれたのです。

7　ココロゾウ

清子さんは今年で七十歳になりました。誕生日間近のある日、「もうすぐ七十歳ですね」と言うと、心外のように、「まだ六十九歳です」と答えるのです。しかし誕生日当日、清子さんのほうから、「私はいくつに見えますか」と聞いてきました。気をきかせて、「六十歳くらいかな」と言うと、こんどもまた心外というように、「七十歳です」と私にきっぱりと言うのです。

私は気を遣うところが違ったことに気づきました。清子さんは歳を重ねることを楽しみにして、七十歳になるその日にこだわっていたのです。

ある日、清子さんがとっても大好きだった親戚の方が亡くなられたことを、お姉さんが葉書で教えてくれたと話してくれました。その親戚の方は「ココロゾウ」の病気で亡くなったというのです。「『ココロゾウ』とはどのような病気ですか」と清子さんに聞いてみました。でも、「わかりません」と言うだけでした。

私はじっと考えました。そして清子さんが「心」という漢字を読めることを思い出しました。以前、召天者記念礼拝運動会を開いたときのテーマが、「心をつなげましょう」でした。私はその読み方を教えたことがありました。だから清子さんは、「心」をそのまま「ココロ」と読んだのであって、これを「シン」と読むことで、心臓のことであるとわかりました。

そのことを話すと、清子さんは一応うなずき、違う話を始めました。

「九州のデパートに連れて行ってくれました。お菓子を買ってくれました。」

あたかも昨日のことのように、その親戚の方の思い出を話してくれるのです。しかし、これは清子さんの子どものころの話ですから、もう六十年くらい前のことです。

清子さんの物事のとらえ方は、はっきりとしています。そして一度とらえたものは、いつまでも心に残っています。時間とともに薄れることなく、きらきらと心に残り続けています。そして時の流れに関係なく、それはついさっきの出来事のように話してくれます。

そのように清子さんが話してくれると、私たちもその親戚の方を身近に優しく感じることができるのです。

多くの人は、今現在に満足することなく、いつか良いことがあると思いながら人生を歩

今現在、美しく輝いています

みます。「人生山あり谷あり」と、相殺《そうさい》しつつ歩みます。しかし清子さんの歩み方は、相殺するのではなく、楽しいことも悲しいことも、そのままに心に残して、大切にする歩み方です。私はここに、しっかりと人生と向き合っている姿を見いだすのです。与えられたものに感謝する生き方、このことこそ神様に感謝する生き方ではないでしょうか。

以前、淡路島に行ったときのことです。車上から美しい海が広がって見えました。私は思わず、後ろにいた福田さんに、「以前にこんな美しい海を見たことがありますか」と聞きました。すると、「あります。香住さんと来ました」と、隣に座っている香住さんを指さすのです。

実は福田さんは今現在のことを語っているのです。考えてみて、私は過去に照らし合わせ、相殺しようとして海の美しさをとらえようとしましたが、福田さんは、今現在与えられた美しさを「あります」と答えてくれたのだとわかりました。「ありました」「ありませんでした」ではなく、「あります」が正しいのです。

時の流れに関係なく、ついさっき起こったことのように話してくれた清子さんは、決して偽りを言っていません。本当にそう思っているのです。それと同じように、心臓をココロゾウと言ったとしても、それは清子さんにとって間違いではありません。清子さんの笑顔を見ていると、私はココロゾウが本当にあるように思えてきます。そしてココロゾウには、想像もつかないほどの優しいもの、温かいものがあふれているように感じるのです。

事実は一つしかないとし、そこから抜け出そうとしない私に、ココロゾウという響きが語りかけます。清子さんの笑顔のうちに、「事実は目に見えるものだけでなく、目に見えないものにもあります」と、私に語りかけてくれるのです。

8　止揚学園の歴史

ある大学が「地の塩」として社会に貢献する学生を育てたいということで、今年度から止揚学園で、学生と、知能に重い障がいがある仲間たちが共に時を過ごす授業を始めてくださることになりました。この授業は大学の新たな試みです。打ち合わせを重ねるたびに、先生がたの言葉の端々に垣間見える、学生たちの未来への祈りが大きく膨らんでいくのを感じました。私は、先生方が祈りのうちに障がいがある仲間たちを共に加えてくださることを感謝しました。

授業が本格的に始まる前に大学に出向き、止揚学園のことについて学生さんたちにお話をしました。このようなときには、止揚学園の歴史について話すことが有用であると考えていました。

その二週間前、仲間の弘明さんが急性心筋梗塞で神様のもとに召されていきました。弘明さんは止揚学園が設立されたその日に入園しました。今から五十七年前、十三歳でした。その優しい面持ちと、なんとなく品がある所作からでしょうか、弘明さんはみんなから「お兄さん」と呼ばれていました。

三十三年前、「お兄さん」と障がいがある仲間の三十五名は、町の教会、能登川教会で一緒に洗礼を受けました。洗礼を授けてくださった牧師先生のお言葉が、今も私の心に深く刻まれています。

「洗礼において先行するものは、神様の恵みです。」

先生は、定められた信条を表明することだけが「告白」ではないと私たちを励ましてくださいました。言葉を話すことが難しい仲間たちは、いわゆる信仰告白をすることができません。けれども身体中で洗礼を受ける喜びを現し、心の言葉で尊い告白を示してくれました。教会から帰って来た弘明さんとみんなの顔は喜びで輝いていました。

弘明さんにとっての受洗前の歳月、そして受洗後の歳月。そのときどきに起こったいろいろな出来事を思い出していると、ふと、弘明さんの歩んできた時間のうちに私も組み込まれているような思いになりました。

弘明さんはときどき、「お兄さん」らしくない行動をすることもありました。たとえば、弘明さんにはお気に入りの座布団があります。その座布団を自分の決めた場

学生さんと一緒に大きな花火の絵を描きました

所に敷かなくては気がすまないのです。決めた場所はその日によって変わります。だれも座らないような食堂の隅だったりすることもあります。事情を知らない人がポツンと隅にある座布団を片づけようとすると、弘明さんは「これは一大事！」と座布団の位置を固守しようとします。それでその人はびっくりするわけです。見えないだれかがその座布団にきっと座っていると、私たちはよく話していました。

それが二年ほど前から、弘明さんが座布団の位置に固守しなくなったのです。私たちはとても心配になりました。弘明さんとの五十七年という「共に」の歳月のうちに、このことは大きな変化であると感じたからです。

病院に行き、先生に相談しました。精密検査の結果、特に異常は見つかりませんでした。「歳を重ね、身体の調子が弱まっているのかもしれません」と先生は話されました。

弘明さんが召され、食堂の片隅にポツンと敷かれている座布団をもう見ることはなくなりました。無き座布団に一つの歴史の重みを感じさせられます。それは弘明さんの尊い歩みの軌跡です。優しくみんなを包んでくれた弘明さんと歩んだ時の流れです。

私は、これから仲間たちと共に時を過ごす学生さんたちを前に、止揚学園の歴史について話をしました。

「止揚学園の歴史は仲間たちがつくってくれました。職員の私たちが先頭に立って、あれをした、これをしたという歴史ではありません。私たち職員が仲間たちを変えようとした日々ではなく、私たち職員が仲間たちによって変えられてきた日々なのです。」

学生さんたちが止揚学園で仲間たちの心の言葉に触れる時を心より楽しみにし、そして感謝しつつ、お迎えしようと思う私の胸を、一生懸命で、真剣で、だからこそ温かい視線が心地よく刺すのでした。

9　山の声

止揚学園に入園している藤中さんはあるテレビ番組が大好きです。毎週放送があった次の日は、「面白い、面白い」と、その番組のことを興奮気味に私たちに話してくれます。それは、山の中にある一軒家を衛星写真で探し出し、そこに住んでおられる方々の暮らしぶりや、どうしてそこに住んでおられるのかを紹介するという番組です。

この前などお客様が止揚学園に訪ねて来て、その方が、「私は山奥に住んでいます」と自己紹介されただけで、物語のヒーローでも見るかのように、その方を羨望のまなざしで見つめ、質問責めにしていました。

番組内で話されるコメントを藤中さんが理解することは難しいのですが、テレビからどうしても目を離すことができないようです。

ある日、改めて藤中さんに聞いてみました。「その番組がどうして面白いのですか」と。

「山だから。」藤中さんは、そう答えてくれるだけです。

「だから、山の中で暮らすことの何が面白いのですか？」
「山だから。」 これ以上の問いかけを続けても、何も変わらないことを私は知っていました。私に対する藤中さんの答えはそれがすべてなのです。

知能に重い障がいがある仲間たちとの生活の中で、期待はずれの返答を受け取ることがしばしばあります。けれども、期待するというのは、実は自分のうちにすでに答えを用意しているということもあります。そのたびに私は自分本位になってはいけないと思い直すようにしています。

私はその番組を見て、たとえ生活環境が違ったとしても、それぞれの場所で悩みは必ず存在することを感じました。たとえば歳を重ねることもその悩みの一つかもしれません。それでも、自然界の困難さを受け入れ、明るく生活しておられる方々の姿には励まされます。藤中さんも、映し出される方々の笑顔が自分のことのように嬉しいのでしょう。けれども藤中さんの答えは、「山だから」の一言です。そのとおり、本当にただ山だから面白いのでしょう。

仲間たちは、よく逆転の発想をすることがあります。
たとえば、私たちが普段使っている建物の廊下は、木造です。仲間たちは毎日雑巾でそ

みんなと芋ほり　大きいのも小さいのもおいしくいただきます！

の廊下を磨いてくれます。そして、ピカピカになった床を振り返り、「廊下、ニコニコ笑っています」と教えてくれます。廊下を綺麗にするのは自分たちのためではなく、廊下の喜んでいる嬉しそうな笑い声が聴こえるからなのです。

ある日、みんなで育てたサツマイモを収穫したとき、ほとんどをモグラがかじってしまっていました。かじられていないサツマイモを手に、「モグラさんありがとう。私たちの分、残しておいてくれてありがとうや」。悔しそうにしている私を前に、そう言うのです。

今回の藤中さんの答えも、そのように考えてみると何かが見えてきます。

藤中さんにとって、山は未知なるものです。山は藤中さんが生まれる前からそこにあります。それどころか人が存在する以前に山はすでにそこにあったのです。その山を切り開き、家を立てるのを山が優しく見守っていてくれることが、もしかしたら藤中さんは、不思議で、面白かったのかもしれません。

人間が後からやって来たにもかかわらず、山は自然の恵みを人間に分け与えてくれています。山は怖いものかもしれないけれども、優しいものでもあると、そのことが嬉しくて、藤中さんは番組を見ているのかもしれません。番組中に話されるコメントではなく、山の声を聴いているのかもしれません。

「山だから。」

これよりほかの答えはありません。この答えに私の思いが入る余地はなく、この答えはこれで完成されています。私は完成されたものを前に、ただ受け入れることしかできません。しかしその受け入れは不思議に癒しを与えてくれます。

仲間たちとの日々の中で、一つ一つの答えが私の胸を打ちます。そしてその時、聴こえてくるように思います。仲間たちの笑顔のうちに聴こえている神様の優しい言葉が。その言葉は、山がある前から、人が存在する前から語られていました。その言葉は山の上に、人の上にいつも優しく降り注いでいます。

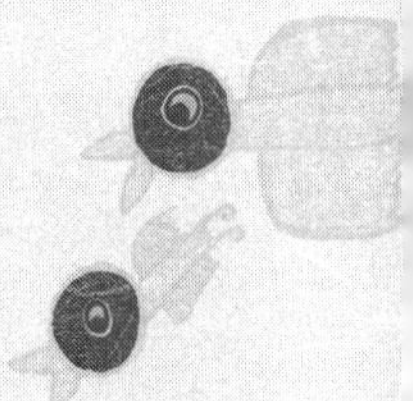

10　ご両親への報告

止揚学園の納骨堂に、弘明さんのお骨が入った白い壺を、すでに納骨されている弘明さんのご両親の二つの骨壺の間に置きました。ご両親が弘明さんを優しく包み込むようなかたちにして。それは止揚学園で執り行われた納骨式の日のことでした。弘明さんが召天し、もう三か月が過ぎようとしていました。

弘明さんのご両親のお骨は、棚の蓋《ふた》を開けると、静かに置かれていました。その神聖な静謐《せいひつ》のうちに、弘明さんのことをずっと待っておられたと思うと、私の心に温かいものが込み上げてきて、「今ここに、弘明さんを送り届けます」と、ご両親に対して、自分でも予期せぬ報告を始めていました。

先日、お父様が書かれた日記帳をふと読み返していました。それは四十年ほど前、弘明さんが三十代のころの夏や冬の一時帰宅の時に認《したた》められたものです。

納骨式の日に

○月○日
帰宅後三、四日はおとなしいが、いつもの「ウー、ウー、ウー」が始まる。母不健康のため、大いにてこずる……
○月○日
なかなか床に入らず、我々が起きるのが遅いというのか、両親早目に起床する……

等々、ご両親の困難さに心を寄せつつ、故人を偲びました。
「ウー、ウー、ウー」は、物事に執着したときの弘明さんの口癖です。たとえば、お父様は毎朝ネクタイとワイシャツで出勤されましたが、たまたまジャージで出た日は、お父様が帰って来られるまで、ネクタイとワイシャツを離さず、帰って来られたら、これを着て、これをつけてくださいと、「ウー、ウー、ウー」が止まらないといった具合です。

しかし弘明さんには、愛すべき点も多くありました。止揚学園に、お客様が訪ねて来られると、威厳を保ちつつ、握手をしに行ってくれました。あるお客様は園長と間違えたぐらいです。食事前には炊事場のカウンターの前に立ち、ニコニコと炊事の進捗《しんちょく》状況を見守ってくれました。

弘明さんには、なんともいえない、気持ちを和ませてくれるものがありました。「ウー、ウー、ウー」と、執着をやめない弘明さんの姿と、優しいその笑顔のギャップに、いつのまにか微笑みが込み上げてきます。

お父様も日記に書いておられましたが、弘明さんは止揚学園でも、なかなか布団に入りませんでした。どうしてかはわかりません。きちんと敷かれた布団の隣で、畳の上に横になります。私たちは風邪をひいては大変と、部屋を暖かくして苦心したものです。

それが本当に不思議なことですが、亡くなる三年ほど前から、自然に布団に入り、ゆっくり休むようになりました。「ウー、ウー、ウー」の口癖も、往年の勢いのあったころとは違い、いつのまにか聞こえなくなっていました。そのことが心配で、病院へ通ったこともありました。先生は「何も変わったところはなく、おとなしい方ですね」と言われました。私たちはそのことが心配だったのです。

これまでの日々のうちに、弘明さんを愛《いと》おしく思うことがありました。それは自由奔放で、向こう見ずで、だからほっとけず、だからこそ笑顔が美しかったからかもしれません。私は、寄り添うように置かれている三つの骨壺を見つめました。お父様もまた、ワイシャツとネクタイを手に、帰りを待つ弘明さんのことを外出先から思い、帰宅時にきっと起こるだろうことを想像し、そのとおりになったとき、困難さだけでなく、愛おしいものも感じられたのではないかと思います。

弘明さんは、知ってか知らずか、我が道を行く、でした。しかし、そんな日々が楽しかったのです。かけがえのないもののように思えます。

その日、納骨堂で私には聴こえたように思います。弘明さんの笑顔のうちの祈りが。その祈りは、止揚学園での日々のうちに、いつも唱えられていました。そしていつも神様がその祈りに微笑んでくださっていました。

納骨堂でのご両親への私の報告は終わりに近づいていました。

「弘明さんは、ゆっくり布団の中で休むことができるようになりました。その点はご安心ください。」

11　若さのヒケツ

正信さんは今年の七月で六十二歳になりました。誕生会の日、司会をしていた職員の高村さんが質問をしました。

「若さの秘訣はなんですか？」

正信さんは少し考えて、笑顔で、

「フトン、ウドン、ハム、フロ」

と答えてくれました。

「そうですか。正信さんの若さの秘訣は、ゆっくりと寝て、おいしいラーメンとハンバーグを食べて、気持ち良くお風呂に入ることなのですね」

と、高村さんが皆に向かって言うと、みんなも正信さん独特の言い方を知っているので、二人の表現の違いを気にしないで、大きな歓声があがりました。当の正信さんも歓声に包まれて嬉しそうでした。

「好きな食べ物は何ですか？」「ウドン、ハム！」

正信さんの言い方では、普段はウドンはだいたいラーメンのこと、ハムはハンバーグのことです。ところがウドンそのものもウドンです。ハムそのものもハムです。

レストランでメニューをながめ、その中からウドンと言った時は、本当にウドンのときもあるし、ラーメンに限らず、たとえばスパゲッティのときもあります。その微妙な違いを聞き分けるのはなかなか難しいことです。

高村さんは、さすがに正信さんと長い歳月生活を共にしているだけあって、正信さんの言わんとしていることをわかってくれました。仲間たちとの日々の中で、言葉そのものが人と人を繋《つな》ぐのではなくて、それに先立つ、心と心が繋がっているという信頼感があるからこそ、言葉でも人は繋がることを教えられます。

これからのＡＩ（人工知能）化社会で、はたして正信さんの独特な言い方はどのように受けとめられていくのでしょうか。正信さんの独特な言い方をすべてデータ化し、「ウドン」と一声言っただけで、今日はラーメンのこと、あるいはスパゲッティのことと、即座に判断するＡＩが開発されれば、本当に驚くべきことです。あるいは遠い将来には可能となるかもしれません。

現状、福祉の世界に必要なのは最先端の技術ではなく、人間の優しい心と身体です。肌と肌の触れ合いは必要不可欠です。現代の日本社会がどのような方向に舵をきっていようと、止揚学園の私たちはこの現状に向き合っていきます。

仲間たちと手と手を繫いだときに脈々としたものを感じます。それは温《あたた》かい生命《いのち》の躍動です。この躍動は一瞬のひらめきを生じさせます。それは温かい生命を与えてくださった神様への感謝の心です。このことが先に立たなければ、ＡＩ社会の未来は開けないだろうと思います。正信さんの独特の言い方に笑顔が共鳴することもありません。

ＡＩは一度記憶した情報を忘れることがありません。過去に記憶した情報に基づいて物事を判断します。その判断は人間よりもはるかに理にかなっています。

人間は記憶をなくすことがあります。しかし過去に感じたことをたとえ忘れてしまっていたとしても、季節が夏から秋にかわるとき、ふと去年の同じ日、同じ場所で、この夕焼けを見たことを思い出します。去年はこの夕日を見て寂しかったとしても、今年は楽しかったりします。この感慨は過去の感慨に基づくものではありません。そのときに新たに生じた感慨です。人の記憶の保存先は自らのうちにではなく、自然の中にあるのかもしれません。

仲間たちはそのことを知っているようで、来るべき季節を楽しみに過ごしています。来るべきＡＩ社会については特に何も思っていないようです。それもそうです。当分の間はＡＩが人間に取って代わることもないでしょうから。もっと先のことはわかりませんが。

今日ではない未来のある日、仲間たちが若さの「ヒケツ」は何ですかと質問したら、ＡＩはなんと答えるでしょう。反対にＡＩが同じ質問をし、もしそのときにも正信さんがこの世界にいるとしたら、堂々と「フトン、ウドン、ハム、フロ」と答えることでしょう。言葉を話すことが難しい仲間の一人は、ニコニコと笑顔で笑っているだけかもしれません。この笑顔のうちにＡＩは何の情報をデータ化し、保存するのでしょう。神様が与えてくださった時間に生かされていることの感謝の祈りでしょうか。

12 価値の共有

止揚学園で共に歩む仲間が増えました。木元さんという女性です。木元さんのお母さんは長い間、止揚学園に入園を希望しておられました。私たちは、お母さんがご高齢ということもあり、娘さんの入園について相談しました。そのときのお母さんの喜び様は今も忘れることができません。

それから数日して、お母さんが私にこのようなことを話されました。

「以前から止揚学園におられる人を見ていると、それぞれに人間関係をもっているようですが、私の娘は人に関心をもたないのです。他の入園している人たちのことが羨ましくなります。」

木元さんに知的に重い障がいがあることで、一人の母親がこれまで社会で生きてきたなかで経験された様々な葛藤の出来事を思いました。

親娘で電車に乗っているとき、木元さんがいつもポケットに入っているはずの物がないことに気づき、突然不安定になり、車内を探し回り始めたことがあったそうです。車内の人たち、社会の人たちの視線、その視線は優しいこともありますが、冷たいこともありました。

以前から止揚学園にいる仲間たちは、共に時間を過ごすなかで人間の関係を築いています。少人数過ぎず、大人数過ぎることもありません。障がいがあるとされる者、ないとされる者の総数が百人です。そのうちの十人は職員の子どもです。これらの人たちは、出勤先として出かける所ではなく、出かけたら帰って来る場所として止揚学園で生活しています。一人の思いは百人のうちに優しい思いを付加し、悲しい思いは濾過《ろか》され、循環され、新たな生命《いのち》をもち、本人に返ってきます。

止揚学園で木元さんが突然探し物をしだしたとしても、それは何ら驚くべきことではありません。同じような行動をとる人がほかにもいるからです。私たちはこの行動をそのまま受け入れるようにしています。そうしなければ、何のために木元さんや他の仲間たちとここで共に過ごしているのか、止揚学園の存在の理由がなくなるからです。ここは知能に重い障がいのある仲間たちが活き活きと生きていく場所です。

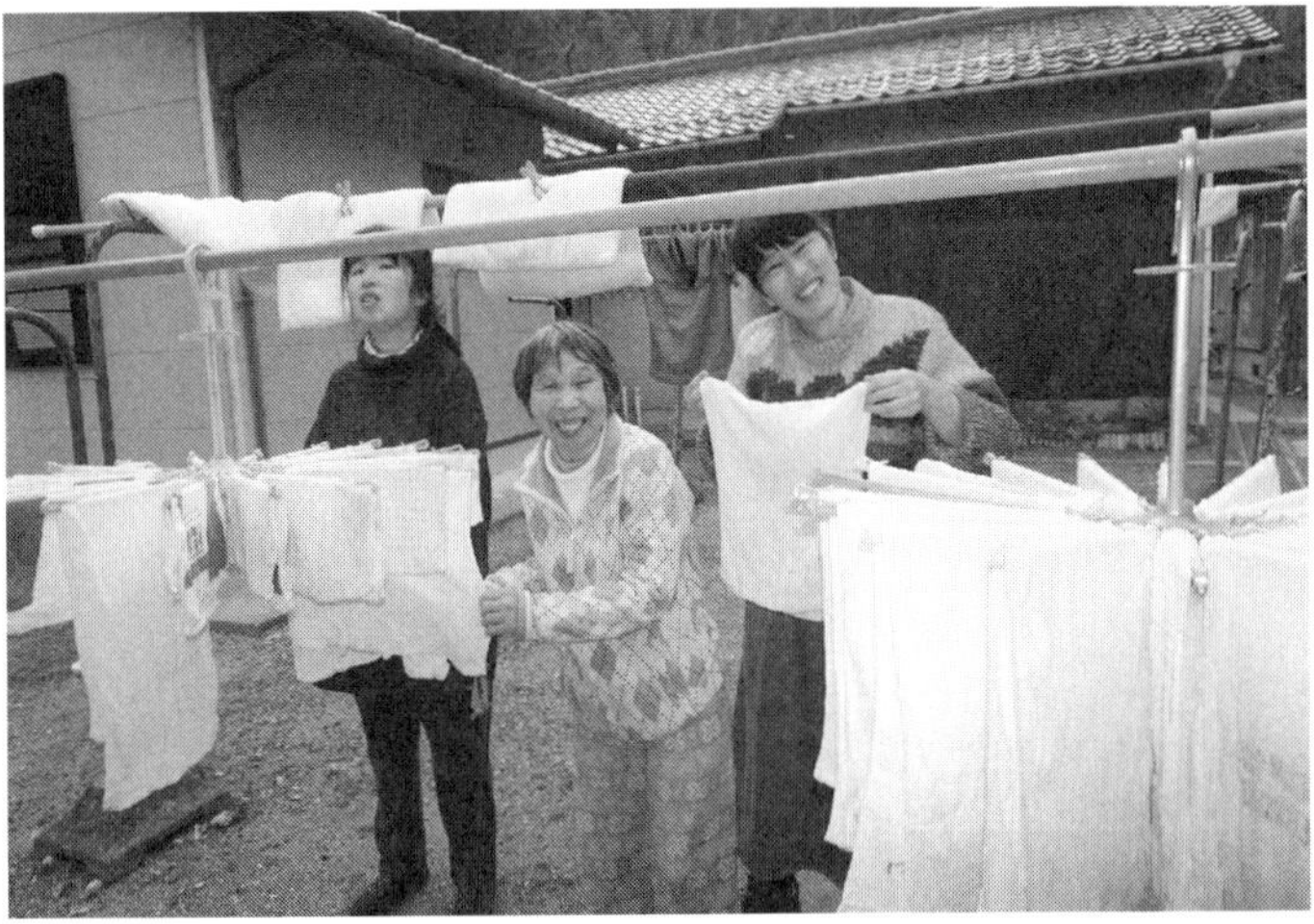

一緒に洗濯するのが日課です

木元さんの日課は職員と何人かの仲間と一緒にみんなの洗濯物を干すことです。一緒にする仲間の文子さんは得意げに、黄色いシャツは「タカト、タカト」、赤いスカートは「カナ、カナ」と一つ一つだれの服かを木元さんに教えてあげます。でも木元さんは違うことに興味があるらしく、ひとりごとを言っていて、聞いているのかどうかわかりません。

ある日、文子さんの定期通院があり、洗濯を休みました。すると木元さんが、「フミコ、フミコ」と、今日はそこにいない文子さんのことを心配して、その名前を呼ぶのです。

お母さんに木元さんの入園のお話をしたとき、「新しい仲間を迎えるにあたって木元さん独特の行動をどれだけ受け入れることができるか、私たちのほうがどれだけ変わっていくことができるか、これからはそういう日々になります」とお伝えしました。

木元さんは入園前、お母さんと何度も止揚学園に遊びに来ました。そのときはお客様としてお二人を私たちは迎えました。しかし、人生を共に歩んでいく仲間として迎え入れ、時間を共に過ごすなかで、木元さんの障がいは、皆の心に溶け込み、木元さんという存在そのものを私たちは見るようになります。止揚学園の営みの中には「障がい者」はいません。食事のテーブルに置かれている花瓶の花に毎日優しく微笑みかける木元さんがいます。

木元さんの探し物を木元さん一人で探しているうちは、無限の人々の茫漠《ぼうばく》の中で、人々も景色の一部です。しかし、探し物をみんなの目的とし、一緒に探せば、人々は景色でなくなり、一緒の思いをもつ者、共に歩む者となります。

止揚学園では、現代社会の価値あるものでなく、仲間たちの笑顔のうちに大切にしているものを大切にします。そう思う人がそう思う人を必要とするとき、人間関係が生まれます。それほどまでにポケットに入っている物は木元さんにとって、私たちにとって、価値あるものなのです。

13　一歩、外へ

先日、止揚学園の知能に重い障がいがある仲間たちと映画を観に行ってきました。ディズニーの『ライオン・キング』の超実写版です。見終わったあと、感想を一人の人に聞くと、

「ライオンの息子さん」

という答えが返ってきました。

王位継承権のあるライオンの子どもが王になるまでの物語を、「息子さん」という言い方で表現してくれました。「息子さん」と聞くと、夢の世界でなく現実的な、普段私たちの生活の中での隣の家の息子さんといったような感覚になります。

仲間たちとは今までも何度かディズニーの映画を観に行ったことがあります。『シンデレラ』を見た際に、王子様とお姫様のことを「殿と、姫」と言う人がいました。『美女と野獣』のときは、魔法にかけられたティーポットのことを「やかん」と言う人と、「いや

茶碗もやかんもみんなもニコニコ笑っています

違う、急須や」と言う人がいました。ディズニー映画のイメージがあり、（そのイメージが崩れる）と言おうとして、すぐに口を閉じました。私は本当の意味において映画を見ていたのか、反対に仲間たちのほうが映画の言わんとしていることをとらえているのではないかと思ったからです。

私のイメージでは、ティーポットでしかこの映画は成り立たないとしていました。けれども仲間たちは、いつもと違う形のやかん、あるいは急須が魔法にかけられて人間のように話をしているとして、それで十分に物語を成り立たせていました。たまには現実から離れ、夢の世界でリラックスしたいとするのではなく、現実の中に夢がある、と仲間たちは前向きです。殿も姫も、王子様もお姫様も、急須もティーポットも、王位継承権のあるライオンの子どもも、近所の息子さんも、夢も現実も区別することなく、その笑顔のうちにキラキラと映っているようです。

私たちはイメージというものをもちます。しかし困ったことに、イメージにとらわれ、疑うことをしない場合があります。たとえば、私の子ども時代、テレビのコマーシャルは日々新しい商品を紹介し、どれほど便利で、センスの良い、小型化された商品がこれから開発されていくのだろうかと、それこそが進歩だと疑うことなくワクワクしていました。ところが私たちが築いてきたものによって、自然環境は破壊され、人間に制御できないものが生まれ、地球の生命《いのち》の生存そのものが脅かされるようになってしまいました。これが人間の本質なのでしょうか。

進歩することは一つのイメージにすぎません。しかしこのことに気づいたにもかかわらず、なし崩しに、人ごとのように、これまでのイメージのままに過ごしているとすれば、その人はイメージにとらわれているのではなく、イメージの世界の住人なのではないでしょうか。

映画の中で、王位継承権のあるライオンの息子さんは、ライオンの本能のままにミーアキャットやイノシシを食べることをやめ、友だちとなりました。そして、動物を狩るのをやめて、我慢して友人と同じように虫を食べることを始めました。我慢することもまた進歩です。ただ前に進むだけでなく、右に、左に、後ろに進むことも進歩です。

知能に重い障がいがある仲間たちはイメージの世界に住むことはありません。また、いま目の前にある物事を自分たちの都合の良いように美化したり、反対に無きものとしたりしません。そのままを受け入れ、そのままに時を共に過ごします。仲間たちは今日のこの時に立っています。そして、今日のその時が常に変化を続けたとしても、仲間たちは無言のうちに、笑顔のうちに受け入れます。決して諦《あきら》めているのではありません。その笑顔は、神様が灯《とも》してくださっている光のほうへと進んでいきましょうと、未来に向かう祈りなのです。

時代の流れの中で「障がいがあるもの」という存在がつくられました。それならば、生命が活き活きと生きようとするこの地球を壊そうとする人間の存在はいったい何ものと呼ばれるのでしょうか。障がいもまたイメージにすぎないのです。

14　それぞれの時間

佳恵さんは止揚学園で人生を共に歩む仲間としての生活を始めてから、今年で五十年が経ちます。性格が温厚で、怒ったところを見たことがありません。言葉で話すことは全くないのですが、優しい笑顔でいつもみんなを見つめてくれています。

この日々のうちに佳恵さんは歳を重ね、視力が弱くなってきました。先日、夜勤の職員の報告を聞きました。佳恵さんが夜、長いあいだ目を覚ましているというのです。一日を通したら睡眠時間がとれていないというわけではありませんが、心配になって、私は佳恵さんの様子を見に行きました。

佳恵さんは薄暗がりの中、私の気配に気づいたようです。そしていつもの優しい笑顔を私に向けてくれました。その笑顔に「おやすみなさい」と語りかけました。しかし「おやすみなさい」と私への返事はありませんでした。

ここまではいつもと一緒なのですが、私はふと佳恵さんが違う場所にいるような感じがしました。佳恵さんは暗がりの中で、優しいまなざしを真っ直ぐにして、時間に向かって話しかけているようでした。だからそれはまだ「おやすみなさい」ではなかったのです。

この姿に、佳恵さんが以前よく自分の動く手をじっと見つめていたことを思い出しました。私も佳恵さんにならって自分の手を動かしてみたのです。すると私も、それに見入ってしまいました。というのは、自分が手を動かしていると思っていたのに、その手には自分の思いどおりに動かないものがたくさんあったからです。たとえば爪がそうです。皮膚も、皮膚のしわも、それぞれが私の思いどおりに動いているかどうかもわかりません。そのとき私は考えても仕方がないことだと、考えるのをやめるようになりました。このことを人間の発達過程と呼ぶこともあります。佳恵さんは動くものでなく、動かないものを見ていたのかもしれません。

体調に影響がなさそうで、ニコニコとしていたので、夜すぐに眠らなければならないものでもないように思いました。視力が弱まってきた佳恵さんにとって、昼は反対に刺激が強過ぎて疲れてしまい、夜のひとときに電灯の薄明かりの下でホッと一息つけるのかもしれません。

このとき、佳恵さんは佳恵さんの時間のうちにいます。そしてその時間は優しい時間です。人は必ずしも同じ時間のうちにいないのかもしれません。

淡路島旅行　玉ねぎと鳴門大橋

次の日、職員会で私の感じたことを話すと、職員の中村さんが、こんな話をしてくれました。

中村さんは夜勤に入ったときには、知能に重い障がいがある仲間のケンゴさんの排尿の世話をします。ケンゴさんが用を足すだいたいの時間があるそうです。しかし、もうそろそろ用を足してくれるかなとお便所に誘導してあげても排尿はなく、これを何度か繰り返す時もあります。その都度、ケンゴさんにはケンゴさんの時間があって、自分はその時間を一緒に過ごさせてもらっているのだと思うのだそうです。

「そして気持ち良さそうに用を足してくれました。」

「私は夜勤に入るときには、いつもこのようなみんなの嬉しい笑顔に会えることが嬉しいのです。」

こういう中村さんの優しい笑顔に私は感謝の思いに満たされます。夜勤は確かに大変なことであるのに、自分の時間ではなく、仲間たちの時間を優先してくれる職員が止揚学園にいてくれることがとても嬉しいのです。

言葉を話すことが難しい仲間たちとの日々は、それぞれの時間を感じ、大切にする日々です。一人ひとりの時間のうちに祈りの声が聞こえてきます。それは言葉を話すことが難しい仲間たちの声なき祈りです。私の「おやすみなさい」という言葉は、佳恵さんの時間を区切るものでした。しかし祈りはだれの時間をも区切りません。そしてみんなの時間を繋《つな》げます。祈りと時間は同じところにあるようです。それは神様のところです。そして祈りは希望です。それならば、止揚学園の私たちは希望をもってこの時間を共に歩いて行きます。

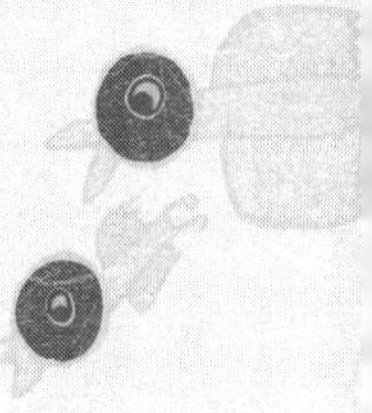

15 さかさまの聖書

「知能に重い障がいがある仲間たちは、信仰を理解することができるのでしょうか。」

このような質問を私はよくされます。そんなとき、「私たちが信仰を理解するとはいったいどういうことなのでしょうか」と問い返さずにいられなくなります。

多くの方々が、「聖書を読むことで、信仰を理解することができます」と話してくださいます。私も確かにそのとおりだと思っています。けれども、文字を読むことができない仲間たちの場合はどうなのでしょうか。この人たちは信仰を理解することができないのでしょうか。もしも信仰というところに到達するために文字を読むことが条件となるならば、仲間たちはそこに行き着くことはできないでしょう。しかし信仰とは、遠く離れたところにあるものではなく、ここにあるものであると私は信じています。信仰は、今私たちが歩んでいるこのところにあるのではないかと思うのです。

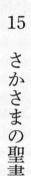

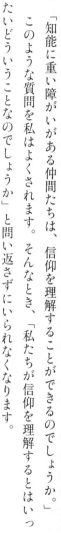

先日、東京から二十六人の四年生と五年生の子どもたちが、四日間、先生やご家族の同伴なしにやって来ました。そしてこの子どもたちと止揚学園の仲間たちとの温かい交流を、地元のテレビ局が取材に来てくださいました。

小学生と仲間たちが協力して、青空の下、運動会をしたり、大きな鉄板で焼きそばを焼いたりしました。子どもたちはふだんならば速く走り、競走することを考えます。けれども、止揚学園の仲間たちの中には、歩くことが困難で、車椅子に乗っている人もいます。この運動会は一番になることが目標ではありません。手と手を繋《つな》いでゆっくり歩いたり、車椅子を子どもたちに押してもらったりの、笑顔があふれる運動会です。その後は、畳一畳ほどの大きさの鉄板と、調理用の大きなスコップで、焼きそばをつくりました。子どもたちは、出来上がった焼きそばを止揚学園の仲間たち一人ひとりに運んでくれました。

こうした光景がその日の夕方、テレビのニュースで紹介されました。冒頭、アナウンサーが「東近江市の重度の知的障がいがある人たちの施設止揚学園」と紹介していました。すると、それを聞いていた小学生の女の子の一人が、「『重度の知的障がいがある人』って、なんだか違う人のことを言っているみたい」と言いました。

私はこの言葉にハッとさせられました。法的には正しい呼び方ですが、この女の子にとっては、仲間たちは「重度知的障がい者」ではなく、「正男さん」、そして「ミノリさん」

毎朝の礼拝の様子

なのです。大人になってから、人との繋がりができるというのではなく、子どもたちも人と人の繋がりの中で生きていることを教えられました。

人は0歳であっても、百歳であっても、障がいがあるとしても、ないとしても、その時点で、そのままで神様が立派に創《つく》ってくださった存在です。時間が流れ、状況が変わっても、変わらないもの、それは、共に生かされていることの喜びではないでしょうか。神様への感謝ではないでしょうか。そしてその喜び、感謝こそが信仰なのではないでしょうか。

仲間の二郎さんはとても世話好きです。自分のことよりも人のことばかり気にしています。

止揚学園では毎朝礼拝の時をもちます。ある朝、自分の聖書を見つけられない仲間がいました。そんなときは二郎さんの出番です。すぐに見つけた二郎さんは大得意です。「ボクのお手柄です」と言わんばかりに自分の顔を指でさしてアピールします。それから、ようやく落ち着いて礼拝の時間となりました。

二郎さんの隣に座った職員がふと、二郎さんが真剣に見つめている聖書を見ると、さかさまになっていました。職員はその聖書をそっと回転させました。二郎さんは何もなかったかのように、またじっと聖書を見つめていました。そのまなざしに職員は、「二郎さんが聖書を通して包まれている温かいものに、自分自身も一緒に包まれたように感じた」と言っていました。

障がいがある仲間たちは聖書を読むことができません。でも聖書が仲間たちに優しく語りかけてくれています。聖書そのものが温かいのでしょう。仲間たちにとって、信仰は文字を読み、理解するものではなく、一緒に生きるものなのだと思います。

II

《対談》「止揚なき時代」の「止揚学園」

小原克博・福井　生

《対談者》

小原克博（こはら・かつひろ）

1965年、大阪生まれ。同志社大学大学院神学研究科博士課程修了。博士（神学）。現在、同志社大学神学部教授、神学部長、良心学研究センター長。専門はキリスト教思想、宗教倫理学、一神教研究。

単著として『ビジネス教養として知っておきたい　世界を読み解く「宗教」入門』（日本実業出版社、2018年）、『一神教とは何か――キリスト教、ユダヤ教、イスラームを知るために』（平凡社新書、2018年）、『宗教のポリティクス―日本社会と一神教世界の邂逅』（晃洋書房、2010年）、『神のドラマトゥルギー――自然・宗教・歴史・身体を舞台として』（教文館、2002年）、共著として『人類の起源、宗教の誕生――ホモ・サピエンスの「信じる心」が生まれたとき』（平凡社新書、2019年）、『宗教と社会の戦後史』（東京大学出版会、2019年）、『良心学入門』（岩波書店、2018年）などがある。

――お二人はいつからお知り合いなのですか？

小原　学生時代からです。大学からです。同じクラスでした。

福井　小原先生は学級委員みたいな感じで、クラスをまとめてくださっていました。

――同志社大学の神学部ですね。

小原　そうです。一クラスしかありませんでした。あの当時でも学年が四十人くらいでした。福井生さんは演劇にどっぷり浸かっていましたね。

福井　小原先生は近づきがたい方でした。すごいなあ、と思っていましたよ。

小原　学生時代に何人かで車で止揚学園まで来て、すき焼きなどを食べました。当時は福井達雨先生の本を読んで影響を受けた人もたくさんいたので、知ってはいても、場所が遠いということもあって、実際にここまでやって来た人は、そんなに多くありませんでした。けれども、学園からじきじきに誘っていただいたので、お訪ねしました。学生時代に来たのが初めてでした。

卒業してからは、それぞれ違う道に進んで、再会したのが四、五年前です。三十年ぶりくらいですね。私は近江八幡教会に行っているのですが、花の日礼

拝の時に止揚学園へお花を持って行くというのが通例行事となっています。私が初めてお花を持って止揚学園に来たのが、ちょうど、生さんが園長になった最初の年でした。

――けっこうのブランクがあって、何年か前に再会されたということですね。

小原　そうです。お互い接点はなくて、花の日の訪問の際に再会し、その後、一年に一回くらいここに来て、お会いするようになりました。そのような中、先般の『あたたかい生命と温かいいのち』の出版記念会があり、そのときに、「せっかく関係が戻ってきたのだから、同志社大学神学部として何かやりたい」とお話ししたのです。出版記念会の後の食事の時に、「こういうアイディアがあるのだけれども」と話しましたら、「それは面白い」と言ってくださったので、具体的なアイディアを神学部へ持ち帰って、他の先生方に説明をして理解していただきました。そのようにして、止揚学園での学生たちの実習が始まったのです。

福井　先生が近江八幡教会の花の日礼拝の時に来てくださって、そこからどんどん話を進めてくださいました。

「障がい者」の一人としてではなく、「その人」として

小原　園長になったのは何年でしたか。

福井　二〇一五年なので、だいたい四年。五年目に入りました。

小原　振り返ってみてどうですか。思いどおりのことができていますか。

福井　そうですね……。

小原　ここに長くおられたので、目に入ってくる光景は変わらないと思いますが、これまで仲間の人たちといっしょに暮らしていたのと、園長として責任を持つのとでは、少し視点が違うと思いますが。

福井　やはり責任が伴うということですね。止揚学園の職員たちは、私が子どものころから今日まで、ずっといっしょにいてくれました。そうしたなかで、子どものころは、職員の人たちの止揚学園にかける一生懸命さを本当にすごいなあと思っていました。子どもというのは大人に対してそういうふうに思うものですね。実際このように職員として二十七年間いて、園長となり、学園の職員や入園している仲間の人たちと生活を共にするなかでわかったことは、職員の人たちに、私の知らなかった一人ひとりの思いがある、というこ

とです。そういう意味で、園長になることは、入園している仲間たちを中心に考えなければならないのはもちろんですが、それに加えて、職員一人ひとりのことも気にかけなければならないということでした。入園している仲間たちのご家族のことも同じように気にかけなければなりません。ここはそういう所なのです。ちなみに、私たちは「利用者さん」とは言いません。共に歩む仲間同士だと思っているからです。その仲間の人たちのことだけでなく、一つのグループとして、すべてのことをいっしょにやっていかなければならないと、止揚学園の職員になって、そして園長という立場になって新たに感じています。

小原　今言われたように、止揚学園には、「利用者に対してサービスする」というのではなく、「共に生きる仲間」だという認識が、一貫してあるように思います。今、日本の社会を見ると、いろいろな社会福祉サービスや事業が増えていくなかで、「利用者」に対していかに良いサービスをするかが求められています。「利用者」に対する視線が大前提とされています。ところが、止揚学園ではそうではなくて、「共に生きる仲間」なのですね。その点がとてもユニークなところであると思います。

そこで同時に思うのは、「障害」という言葉が一般的に使われていますが、障害の「害」をひらがなにしたり、表現上の配慮や工夫がなされたりしながらも、障がい者に対する見方は、まだまだ成熟していないということです。それがここでは、障がいがあるとかないとかに関わらず、「共に生きる」ことを目的としています。そのことが止揚学園の精神の一番根っこにあるのではないでしょうか。「障がい」とか「障がい者」という言葉を使うときに、気をつけていることはありますか。

福井　そうですね。ここには知能に重い障がいがある人たちがいます。一口に障がいといっても、いろいろな障がいがありますが、私たち止揚学園で共に歩んでいる仲間は、「重度知的障がい者」と言われる人たちです。止揚学園での私たちの歩みは、その人の「障がい」と言われるものをそのまま認めた歩みです。この「障がい」を治そうとか、「障がい」を少しでもないものにしようとかとは考えていません。「障がい」も含めて、この人たちと時間を過ごしていこうと思っています。それを含めたうえでの時間の組み立て方をしています。ですから、いっしょに時間を過ごしていくなかで、「障がい者としての◯◯さん」ではなく、「その人」として見るようになっています。たとえば今日飾ってあった花を片づけてくれるサチ子さんは、「障がい者のサチ子さん」ではなくて、「サチ子さんその人」なのです。そのサチ子さんとの付き合いであり、関係です。そうなるときに、この人は「重度知的障がい者」の一人とは思えなくなります。社会に参加するときに、私たちが決めてきたルールにこの人はすぐについてこられないということで、「あなたには障がいがありますね」としてしまいます。ある面で、そう言ってしまうことで、「障がい者」、

「知的に重い障がいがある者」にするのではないかと思います。

小原　ということは、やはり社会がそういうことを決めている側面があるということですね。一般社会は、健常者やマジョリティの人たちに都合のよいルールを作っていますから、そのルールに乗れなかったり、マジョリティの人たちと同じような生活ができなかったりする人は、「障がいがある」ということで区別されてきたのだと思います。けれども今言われたように、その視点をちょっと外すと、みんな同じであり、障がいをもって生まれてきた、と言わなくても、「その人」として見れば何の違いもないことになりますね。そこはとても大事な点だと思います。

障がいのある人たちへの社会のまなざし

福井　「マジョリティ」とおっしゃいました。その「多数派」――私たちも障がいの有無で言えば「多数派」になるのでしょうが――の中でも、優しい思いを持っている人たちがいますし、逆に障がいのある人たちのことを認めない人もいます。それで特に、重い知的障がいのある仲間の人たちが生きている意味を認めないという人たちによって、「障がい」というもの、「障がい者」と言われる人たちとの間に、大きな垣根が作られてきているのではないかと思ったりします。

小原　過去十年、二十年を振り返ってみて、「障がい」を否定的に見る人たちが増えているとか、減っているとか、あるいは社会の目が少し優しくなっているとか、そういう変化を感じることはありますか。

福井　人々の目が優しくなっているかどうかは、正直なところわかりません。私はいつの時代も、優しい思いや悲しい思い、楽しい思いやつらい思いは、同じようにあるのではないかと考えています。ただ、その時代によって人への接し方や、関係の持ち方は変わってきているのではないかと思います。

小原　ちょっと具体的な例をあげましょう。確かにどの時代にも優しい人はいたと思います。たとえば、差別の意識なしに人をその人として見る人はいましたが、社会のルールや慣習は、昔と今とで少しずつ変わってきているように思うのです。かつては、重い知的障がいのある人や、別の障がいのある人を人々の前に出すのは恥ずかしいことだといって、家の座敷牢みたいなところに入れて、社会と接点を持たせないことが当たり前の時代がありました。その時から比べると、今はちょっとだけマシになっている気もします。今でも時折、そうしたことを行った親や家族がいた、という事件報道がなされたりしますが。でも、今までだったら、社会と接点を持つことがほとんどできなかった人たちが、いっしょに暮らせる環境が、わずかずつではあっても整ってきているようにも思います。そういう若干でも「良い方向へ」向かう変化に期待しているのですが……。

福井　小原先生のおっしゃるとおりかもしれません。そうであらなければならないと思います。でも、だとしたら今は、以前と比べて人と人との関係が近くなってきたのかというと、はたしてどうでしょうか。障がいのある人と、障がいのない人との垣根が低くなってきた、と言えるかというと、そうではないように感じます。

小原　私も基本的な人間関係は変わっていないと思います。人が人を見る目も時代によってそんなに変わらないだろうというのが私の実感です。でも、いろいろな人をサポートする「制度」が改善されてきたところはあるように思います。ただ、制度があるからといって、人が急に優しくなるわけではありません。今も昔も非常に差別的なものの見方をしている人は一定数います。また、時代の違いを超えて、たとえば二千年前にも、差別を乗り越え、人をみな同じように見ることのできる人はいたに違いありません。人が人を見る目は、時代によって大きく変わるわけではないので、今の時代や社会の進歩を安易に楽観視することはできません。むしろ、根っこの部分、心のあり方が変わっていかないことには、行政に任せていれば安心、とはならないと思うのです。

福井　法的なものや規定されたものが入ってくることによって、「安心してこの人たち

と付き合うことができる」というのは、裏を返していえば、「安心して付き合わなくても良い」ということになりますね。いま私が感じるのは、こういうことをしたら、こういうふうに人を傷つけたら、こんな罰が与えられます、このくらいの罰金が与えられます、という見方が強くなってきているということです。本当だったら、人を傷つけたとしたら、傷つけてしまった人の立場に立って、どのようにその人の中に傷が残っているのか、どれだけの傷を残してしまったのかと、深く考えなければならないでしょう。でも今は、本当に取り返しのつかないことをしてしまっても、「人間」を傷つけたということよりも、「物損」みたいな見方をすることがあるような気がします。傷つけた相手は人なのに、いくら

の保険が下りるとか、いくらの賠償が必要だとかといった見方です。自分が人にどれだけのことをしてしまったのかではなく、「それが自分にどれだけ返ってくるのか」みたいなことです。法が整備されることで、人と人が本当につながっていくのか、疑問に思っています。

小原 そうですね。問題があると罰則を強化するというようなことが世の常となっていますね。最近の例を出せば、「あおり運転」が増えてきたので、「あおり運転をしたら、もっと厳罰に処せられるようにルールを変えましょう」というふうに。

人が人に対してひどいことを言ったり、ひどいことをしたりしたときに、今までだったら泣き寝入りしていたのが、近年、「パワーハラスメント」や「セクシャルハラスメント」のような「ハラスメント」として認められるようになりました。「ドメスティックバイオレンス」もその一つです。ひと昔前だったら、夫が妻に対してひどいことをしたとしても、それは家庭内の問題だから、家庭の中で処理してください、というようにして、放っておかれたことが多かったと思います。ところが今は、家の中であろうと、職場の中であろうと、力を持っている人が、それよりも弱い人に対して暴力をふるったり、暴力的発言をしたりした場合には、「それはだめです」と言えるようになってきました。これは正しい変化だと思います。少しずつの変化の中で、今まで泣き寝入りしていたことについて、そうしなくてもよいようになったし、自分が受けているしんどさや苦しさは不当なことだ、と少しずつ言えるようになってきました。もちろん、それはまだ完全ではありませんし、なんでもかんでも罰則を与えるのがよいとは思いませんが、わずかながらでも変化しているという気はします。

福井　確かにそうです。先生のおっしゃるとおりなのですが、でも今、世界がつながってしまって、私たちのことを多くの人が見張っていて、バイオレンス（暴力）に満ちた社会だなあと感じます。世界がつながるのは、素晴らしいことであるはずなのに、かえってバイオレンスの面が見えてきているように思います。

小原　その意見には全く同感です。おそらくインターネットのことを考えて、おっしゃったのでしょう。私も社会の変化を楽観視しているわけではありません。多くの人が簡単につながることができるようになった反面、敵意や暴力、偏見がむき出しになってきています。時代が変わって、良くなったり、便利になったりする部分もあるけれども、今まで押し込められていた人間の暴力性がむき出しの形で相手に向けられるようになってきたのも現代の特徴です。

福井　私は、むき出しにならざるをえないのだと思います。たとえば知的に重い障がいがある人たちに対して、そのような暴力がむき出しになる場合がありますが、それは、この人たちをどのようにして受け入れたらよいのかがわからなくて、不安になるからでしょう。話をしても言葉を返してくれることがない、こちらがどれだけ優しく接してあげても、優しい視線をこちらに向けてくれるわけではない、「ありがとう」と言ってくれるわけでもないからです。今の一般社会では、法律でいろいろなことが定められ、いろいろな規定があって、それに則《のっと》って人は関係性を築けるかというと、かえってあらゆる暴力が明るみに出されているのです。みんながみんなを見張って、どんな小さな罪をも見逃さず、暴力から守っていこうとしているはずなのに、一対一で向き合って、相手の人が何の答えも自分にくれないときに、不安になる人もいます。そういう人は自分という存在をそのまま見られているように感じ、そうした自分を目に見える形で受け入れてもらえないことに我慢できず、相手に対して暴力を向けるのかもしれない、と思うのです。

確かに私が共に生活している仲間の人たちはその多くが、言葉を持っていないために、話しかけても返事はなく、こちらと視線を合わせることもなく、全く違うところを見ていることがあります。それでも、そのときに断絶していると私は感じません。時間がとても長く感じられることもあります。一対一で時間の中に置かれていると感じますが、それでもいっしょの時間を歩んでいるからでしょう、受け入れられているという感触があります。言葉を返してくれることはありませんが、確かに私のことを感じてくれていると思います。

そういったことが今この時代になくなっているのではないか、この時代にはこのことを受け入れていくことが難しいのではないでしょうか。

今はなんでもマニュアル化されて、なんでも意味を持たせていこうとします。「このような状況を乗り切ったら、次のステップに上がれます」と言います。そんななか、知的に重い障がいがある人たちと一対一で向き合うときに、私たちは初めて、人間の温かいものや、人間に与えられた命を感じられるのではないでしょうか。

小原　それは、生活を共にしているからこそ感じられるものだと思います。違いばかりを感じる人は、実際にこれまで自分の目の前に、知的に重い障がいのある人がいなかったのではないでしょうか。そういう経験がないと、観念の中だけで区別をする可能性がありますね。だからやはり、そのギャップをどうやって埋めていくのかは、社会の課題であると思います。

私たちは本当に進歩してきたのか

福井　私たちは絶対に進歩するものだと思って、ずっと生きてきましたね。社会は必ず進歩するものだと考えてきて、行き詰まって、どうなるかわからないようなところに来ていますね。その中で、「今まで本当に私たちは進歩してきたのか」という社会の課題に立ち返る必要があるのではないでしょうか。

小原　そうですね。それはかなり根本的な問いになりますね。社会は進歩するのか、あるいは、人間は本当に進歩しているのか、ということを考えるとき、私たちが手にしている技術や便利さだけを見ると、人間は進歩してきたと錯覚するかもしれません。ところが実際には、人が人を見る目は根本的には変わっていませんし、それどころか、かつてなら人と人とが触れ合うなかで経験できたものを、技術の進歩によって、かえって失ってしまっているとも言えます。単純に人間は進歩しているとか、社会は進歩しているとかと言えません。仮に進歩しているとしても、それと引き換えに、何を失っているのかを考えながら歩まないと、ありのままの現実を正しく見ることができないと思うのです。

一人ひとりの時間

福井　知的に重い障害がある仲間たちと生活していて、この人たちの時間というものがあると感じます。ここでいっしょに歩んで、年を重ねていくことは、その親御さんたちも年を重ねていくということです。これまでお盆やお正月を家族でいっしょに過ごしたいと、みんな家に帰っていましたが、近年ご両親が亡くなって家に帰れない人たちも増えてきました。

そんななか、九十二歳になるお父さんが、自分の子どもといっしょに過ごしたいと、止揚学園に娘さんを迎えに来られました。そしてそのときにお父さんが昔のことをいろいろと話してくださいました。「娘が止揚学園に入る前、近江八幡の疎水が張り巡らされているところで、たんぼの仕事をするときには小舟に乗って、娘もいっしょに行ったんや。ほんでふと気がついたら、畦道にいるはずのトミコがいなくて、みんなで必死に捜したら、疎水にはまっていて、桟橋の船をつなぐ柱に必死にしがみついてたんや。」そんな話を聞いたら、うわーっと思うでしょ。大変だな、本当にそんなことがあったんだ、と。でも、お父さんもトミコさんもニコニコしながら話しているのです。そんな二人を見て、なんと神秘的なんだ、という感じがしました。そのときに、時間がこのトミコさんを助けてくれたと感じました。というのは、もう少し気がつくのが遅かったら、トミコさんの命はなくなっていたし、偶然そこにつかまる柱を、そういう時間のうちに与えられているし、つかまっているときも、時間がトミコさんのことを優しく包んでくれたのではないのかと思ったからです。私たちは、時間はどんどん先に進んでいくものだと思いますが、仲間の人たちは時間のうちに活き活きとしていると感じます。障がいがあるないに関わらず、一人ひとりの持っている時間が違うと思うのです。

小原　わかる気がします。本来、時間の感覚や自分の経験の理解の仕方は、みんな違うはずですが、現代社会は、それを画一的に扱おうとします。たとえば、月曜日から金曜日まで学校での勉強や職場での仕事があります。家を出て、帰って来ることを繰り返し、共通の時間の上に自分を乗せていくことを強いられます。小さい子どもであっても、朝になったから「幼稚園に行きなさい」「学校に行きなさい」と言われます。現代社会では当然のことと考えられていますが、このルーティンが嫌になる子どもも少なからずいます。しかし、共通の時間に合わせられないと、「不登校」という烙印を押されがちですが、ひょっとすると、そうした子どもたちのほうが、時間の画一性に抗《あらが》って、自分自身の時間を持ちたいと思っているのかもしれません。止揚学園の仲間の人たちも、近代的な時間概念にはまらない「自分の時間」を持っているのだと思います。

トミコさんのエピソードを聞いたとき、疏水に落ちるという、かなり危ない経験をニコニコしながら話しておられたという点に関心を引かれました。その笑顔のうちにあるものが何なのだろうかと考えました。お父さんとトミコさんだけが知っている特別な時間が懐かしく思い出され、語られていることには、お二人の関係のかけがえのなさを感じさせられますし、同時に、私たちが失っている時間の感覚がそこにあることに、ハッとさせられます。スケジュールで管理された時間軸の上を走っているだけではない、絶えず立ち返ることのできる「自分の時間」を、私たちははたして持っているだろうかと考えますね。

福井 この前の職員会で、「一人ひとりの時間があるんやな」と話したら、一人の職員が「私もそんなことを経験したことがある」と言うのです。ケンゴさんという男の人のことです。お手洗いのことを手伝う必要のある方で、尿瓶で用を足します。でも、いつ排尿があるかはわからないのです。私も何回か夜勤に入っていますから、ケンゴさんがだいたいこのくらいの時間に用を足すだろうと思って、彼のもとへ行きますが、その時に出ないことがたびたびです。そのようにいつ出るかわからないのですが、ずっといっしょにいるその職員は、もしかして今行って尿瓶を当ててあげたら出るかな、と思って差し出したところ、排尿があったというのです。そして、「私は今、ケンゴさんの時間を生きているな」と、そのとき感じたと言うのです。今までは自分の時間でやっていたけれども、ケンゴさんの時間に今生きているんだ、ケンゴさんの時間が包んでくれているんだ、と感じたと話してくれました。

小原 それも示唆に富む話ですね。排尿に対応しようとする人の立場からすれば、たとえば「三時に排尿」と決まっていれば楽かもしれませんが、それこそ排尿は自然の摂理ですから、自分でも、いつしたくなるかわからないのですよね。コントロールも予測もできないその時間に寄り添うなかで、かえって、ケンゴさんの時間を生きていると感じたということのなかに、異なる時間軸が交わることの不思議を思います。

福井　止揚学園に来て一年目の若い職員ですが、自分はオン・オフがはっきりしている、勤務時間と休みの時間をはっきりさせている、と言います。ミサオさんという方がいて、その方が今年、夏風邪をひきました。数日経ち、だんだんと快復して、少し元気になってきました。すると、夜寝なくなって、何回も部屋から出て来るのだそうです。初めその職員はイライラしたとのことです。でも、職員会で「人にはその人の時間がある」ということを話し合ったことを思い出し、もしかしたら今ここでイライラしているのは、私の時間でイライラしているだけなのかもしれない、ミサオさんの時間、ミサオさんの部屋で自分もいっしょに過ごしてあげたら、どうなるのだろうと思い、そのようにしたのだそうです。そうしたらミサオさんがバーッと動き回ることなく、落ち着いてくれたというのです。そのときその若い職員は、ミサオさんが自分を受け入れてくれている、と感じたというのです。確かに「私はオン・オフがある」と言ったけれども、ミサオさんは、オン・オフ関係なく、いつでも私を受け入れてくれていると感じた、と話してくれました。

小原　「ミサオさんの時間」があり、それをその職員の方が経験されたということですね。

福井 仲間たちは、「自分たちの時間」のうちに、私たちを受け入れてくれます。職員だれもがそれを嬉しく思っています。知能に重い障がいのある仲間たちは、どこかに受け入れる場所を持っていてくれるなあと思います。

ここでは仲間たちの優しい時間が流れています。今日も小原先生が来てくださいました。小原先生との出会いがここで与えられているというのは、小原先生の場所が学園の人たちの心のうちに用意されているということです。仲間たちの時間のうちに言葉はないかもしれない。一般的な社会のルールに当てはめたり、法的な秩序づけもなかったりするかもしれない。その代わり、人を選ぶこともしません。だから、だれもが優しい気持ちになれるのだと思います。

小原 受け入れてもらっている、居場所がある、というのは、いつ来ても感じますね。仲間の人たち一人ひとりが自分の時間を持っているということは、いろいろなエピソードを聞くなかでわかってきましたが、それは他の人が入ってくることを拒絶するような自分の時間ではなく、他の人が入ってくる場所を空けてくれているということですね。その点が止揚学園の魅力の一つであると思います。みんながそれぞれの時間の中で生きていて、それをお互い大事にし合っているのですね。みんなが違う時間を持っていても、お昼や夕方など、ご飯を食べる時はいっしょで、それぞれの時間が交わっています。いっしょに生活していることを確認し合える、こうした「共に過ごす」時間はとても大事であるという気がします。それぞれの時間が孤立しているわけではなく、交わる瞬間がちゃんと存在しているのですね。

福井 それがあるので、たとえば今日突然熱を出して休んで、いつもその場所にいるはずのその人がいないと、どうしたのか、と心配する人たちもいるのです。最近入園して来た人のお母さんが、「止揚学園に以前からいる人たちは、人間関係がちゃんと築けているのですね。うちの娘は、人に対する興味や関心がないのですよ。だから以前からいる方々がとても羨ましいのです」とおっしゃいました。ところが、入園している人が三十九人、職員が三十八人、職員の子どもが十人ほどいて、百人弱のこのグループの中にまずいること、そして、ご飯にみんなが集まる時間があること、そこで生活を始める、そこで時間を共に過ごす、その中で人間関係ができてくるのですね。それで、これまではご家族の関係だけだったその人が、いつもいる人がここにいないときに、「どうしたの？」と聞いてくるのです。たとえば、いつもいっしょに洗濯の手伝いをしているフミ子さんが出かけて、いなかったりすると、「フミコさん、フミコさん」と言ってきます。お母さんは「うちの娘は人に関心がないのです」と言われましたが、それは間違いなのです。そうではないのですね。その娘さんが、グループの中、その人が持っている価値を認める者同士が集まっているところに入ると、人間関係がちゃんとできてくるのです。

障がいが重い人の「価値」についてですが、たとえばポケットの中にボールペンがいつもなければならないのに、それがないことに気づくと、すぐに捜し始めます。ポケットの中のボールペンは、その人にとって大切な、大きな価値があるものなのです。私たちは、それもその人の「価値」だと思っています。だからいっしょに捜してあげる。百人のグループですが、その人たちを必要とする集まりの中にいれば、人に対する興味が出てくるのではないのかなあと思います。

物を大切にすること

小原　そこは、仲間の人たちの人間関係を語るうえで大事な点だと思います。今、ポケットの中のボールペンの話が出たので、話題を物に向けてみたいと思います。止揚学園では、物をとても大事にしますね。たとえば掃除をしていても、「廊下がニコニコ笑ってる」といった感覚を仲間の人たちは持っています。ここには現代人が失いつつある大切な感性が残っているのではないかと思います。止揚学園には、「物も大切にしましょう」という精神があると思いますが、これはやはり人間関係の大切さとつながっているように感じます。「物を大切にする」ことについては、どう思われますか。

福井 もしかしたら仲間の人たちは、動物にも物にも人間と同じ心が備わっていると見ているのかもしれません。たとえばこの前、蛍を見に行きました。このあたりは水がきれいなので蛍がいます。それで川辺にみんなで見に行くのです。ひととき眺めて、そろそろ帰ろうかということになって、「さよなら」と蛍に言うのですが、「私ら帰るし。蛍さんも電気消して寝えや」と言うのですよ。もちろん全員が全員、そういう発想をするわけではありません。言葉がある人で、そういう発想をする人がいるのです。

小原 それはすごいですね。詩人と言ってもよいくらい、面白くてユニークな発想ですね。記事（本書四五頁）にも書いてくださっていましたが、サツマイモを掘りに行って、ほとんどモグラに食べられて、少しだけ残っているのを見て、「モグラさん、私たちに残してくれてありがとう」と言ったそうですね。そういう発想はなかなか出てこないと思います。仲間の人たちは、動物や物との近さを自分たちの時間の大事な一部としてとらえているのかなと、こうしたエピソードを聞いて思うのです。

福井 そうですね。だから私たちも物を大切にしていかなくてはいけないな、と思いますね。確かにそういう発想を仲間の人たちすべてがするわけではありません。言葉のない人たちもいますから。でも私は、特に知的に重い障がいがあって言葉を話すことがない人の気持ちはどうなのかなと、いつも考えるようにしています。

小原　言葉で明確に表現できなくても、顔の表情や、体で表すことはできますからね。

福井　それが、体で表すことが難しい人もいるのです。

小原　何を考えているのかを知るのが難しい場合もあるということですね。

福井　そうなのです。でも、やはり時間をいっしょに過ごすことで、食事をいっしょにすること、いっしょにお風呂に入ることによって、感じることができますね。この人は今何を欲しているのかとか、この人は何が嬉しいのかとか、感じることがありますね。

「生産性」という人間の評価

福井　特に知能に重い障がいのある人たちは言葉がないし、視線を合わせることも難しいし、まして生産性といえば、もしかしたらゼロかもしれません。それならこの人たちに生きている意味があるのかと言う人がいるでしょう。けれども、そのように言う人たちに私は言いたいのです。言葉があり、意思疎通ができ、社会は進歩していると思い続けてきた私たちはいったい何をしてきたのか、と。私たちは正しいことをしてきたのか、と。ここにいる人たちは少なくとも、自然を破壊しなかったし、人を殺さなかった。だから今、ここにいる人たちと共に歩んでいくことに意味がある、と言いたいのですね。

小原　そうですね。その点をしっかりと言い続けることは、今の時代において特に大事だと思います。「生産性」という言葉一つを取っても、一定の時間の中で、どれだけの結果を出すかによって人間の価値が評価される時代です。その価値基準で判断したら、「あなたの価値は低い」「あなたの価値はほぼゼロです」のような発言は簡単に出てくることでしょう。だからこそ、自分で自分の言いたいことが言えなかったとしても、その人には生きる価値がある、と言い続ける必要があります。多くの人が、生産性という尺度にとらわれ過ぎています。そのため、自分が生産性のある結果を出せなかったら落ち込んでしまったり、人と比べて、あの人のほうが良くできる、自分はテストの点数が良くない、といった形で、簡単に序列をつけ、それにとらわれてしまったりします。人間に価値の序列をつけることに慣れきった現状に対して、それとは違う考え方を示すことが必要なのです。そのために、私たちが仲間の人たちから学ぶことは多いのではないでしょうか。

かつては福祉の世界でも、「ノーマライゼーション」が叫ばれ、リハビリやトレーニングなどをして、少しでもノーマルな基準に近づくことが目標とされました。もちろん、それで頑張れる人は頑張ったらよいのですが、画一的な基準にとらわれ過ぎると、一人ひとりの存在の多様性に目がいかなくなりますので、注意が必要です。

福井　今の社会の動向、たとえば人工知能があったとしても、それはそれでよいのですが、ここに今、命があって、すべての命が尊いということは声を大にしなければならない、と思います。けれども、今のこの状況だと、重い知的障がいのある人たちは忘れられていくのではないかと思ってしまいます。

小原　現代社会の動向に対し、危機感のようなものはありますか。過去においても、人の命を疎かにするようなことは山ほどありましたが、今の時代において、いっそう深刻になっているような危機感を持つことはありますか。

福井　もちろん危機感もありますが、逆に、この人たちが私たちを救ってくれる可能性があると思っています。私たちが本当に考えることをやめて、機械に自分たちの判断を委ねたそのときに初めて、「自分たちは何なのか」ということに気づいて、障がいがある仲間の人たちが、「ここに命がある」ことを教えてくれるのではないか、と思っています。

小原　それは、非常に大事な視点ですね。仲間の人たちが、私たちを救ってくれるかもしれないという可能性からは、多くのことを考えることができそうです。仲間の人たちが十分に言葉にできない部分を、周りの人たちが受けとめ、その経験を言葉にして、外の人たちに伝えていくことができれば、その可能性を広く共有できるかもしれません。

日本の外に目を向けると、ラルシュ共同体がそのような可能性に目を向けてきました。

ラルシュは、フランス系カナダ人のジャン・バニエが、知的障がい者と共に生きることを目指して設立した共同体ですが、バニエの出発点にも、障がいのある人たちによって「救われた」という経験があります。

機械も人工知能も優しい

福井　仮に人工知能の社会になったとしたら、程度差はあっても、もしかしたら知的に重い障がいのある仲間たちは、人工知能をも愛するのではないかと思います。逆に、この人たちには生きている意味がないと思う人たちよりも、人工知能のほうが優しく語りかけてくれるのではないか、と。

小原　近年、私は人工知能を視野に入れた研究をしていますので、そうした指摘にはとても関心を引かれますね。未来社会において、知的に重い障がいのある人たちがどうやって生きていくかを考えるうえで、新しい技術も交えながら、試行錯誤をする必要があると思います。もし人工知能が良い形で障がいのある人たちを助けてくれるのであれば、いたずらに避けるよりも、積極的に使ったほうがよいかもしれませんね。

福井　先ほど先生が、この人たちは「廊下がピカピカ笑ってる」という見方をするとおっしゃいました。そういう意味で、コンピューターのようなものでも、この人たちは、そこに命や心を見いだすかもしれません。

小原　きっと見いだすと思います。物に命を感じるというのは、昔の世界では当たり前の経験でした。木などの自然物だけでなく、人間が作り出した物や道具にも命を感じるような感覚がありました。たとえば琵琶湖ではアユなどの魚がたくさん獲られ、人々の生活を支えてきましたが、アユの命をいただくという感覚があり、自分たちの命を支えるために他の命を奪わざるをえないという良心の呵責を感じていたので、アユの供養碑が建てられたりしています。しかし、現代では、そうした命のやりとりに対する感覚がほぼ失われています。お金さえ出せば何でも物が買えますから、命の存在を感じる必要がありません。私たちが失ってしまったそうした感覚を、仲間の人たちはどこかで持っていて、物にも命を感じたりできるのだと思います。そうした様子を見るなかで、私たちが新鮮な驚きを与えられるとするならば、それは私たちに対する助けになると思いますね。

福井　介護用具は鋼鉄で、硬く冷たい感じの鉄の塊のようなものですが、今後もっと人間に密着した「○○スーツ」のような、優しい感じのものが出てくる可能性がありますね。年を重ねて力がなくなった人も、優しい素材のそのスーツを着たら、そのスーツに優しく抱きかかえてもらえるかもしれません。これから先どうなるかわかりませんね。そういったこともあるから、すべてを否定することはできませんね。

小原　介護の現場では、人でなければできないことが、まだまだたくさんありますが、そこではエネルギーも時間もかかるので、やはり大変ですよ。だから、それをサポートしてくれるような、人間に近い機械があれば、それを使うことには妥当性があると思います。

福井　言い古されたことですが、「いつ人類が機械に取って代わられるか」という話があります。でも、そんなことはありえないでしょうね。

小原　「取って代わられる」ことが「ある」と言う人もいるし、「ない」と言う人もいるので、簡単に結論を出すことはできませんが、これから十年経つと、人工知能が今では考えられないほど多くのことをやっているのは間違いないでしょう。人工知能やロボットをどの程度、どのように受け入れるかは、人間が判断していく必要があります。

福井　人間が自分で判断するのを嫌がって、機械に任せるみたいなことですね。

小原　そうです。判断すること自体も労力になるので、基本的な判断は人工知能や、それが作り出したデフォルト（初期設定）に任せるということも、これからは起こってくるでしょう。これまで、肉体労働は機械に取って代わられることがあっても、決定や判断などの精神労働は機械に取って代わられることはないと言われてきましたが、今後は、そうもいかなくなると思います。

福井　でも、人間が判断することによって、今の世界があるわけですよね。私たちは結局のところ、資源を使い果たし、水や大地を汚染してきました。そして今があります。この現状を見たら、もうなんともなりませんね。進歩すること自体が私たちの生きていく場所を汚染しているだけのように思えます。ということは、私たちが判断することは間違っている、だから機械に判断させたほうがよいのではないか、ということでしょうか。

小原　人類は何度も大きな判断ミスを犯し、またその結果を十分に修正できないでいるので、そのように考えるのも理解できます。しかし、問題を解決するために、人間が人工知能から正しい方法を教えられたとしても、それに従うことはないでしょう。人は自分の欲望を満たすために機械などの道具を使うわけですから、資源を搾取して、環境を破壊してまで何かを得たいという人間の欲望を制御できないかぎり、未来においても、機械や人工知能が問題を解決してくれるということにはならないと思います。

福井　それが続くというのは、このままどんどん資源を使い続けるということですかね。

小原　放っておけばそうなると思います。現代人は、資本主義システムの上で、もっと便利なものが欲しい、新しいものが欲しい、というように、その欲望を駆り立てられていますから、それが続くかぎり、地球資源は消費され続けるしかありません。そうした消費システムの根っこにあるのが、先ほどから出てきている「生産性」という考え方です。技術が生産性を高めてくれたり、今あるレベルを維持してくれたりするのであれば、その技術は正しいものとされます。つまり、現代人の感覚や価値観の中には、「生産性」があるかないかという基準が組み込まれてしまっています。ＡＩやロボットも、生産性を高めてくれる技術として期待されているわけです。

福井　今でも、このままではあかんな、という動きは出てきていますよね。たとえば、カフェでストローは使わないとか、これまではプラスチックだったコップを紙のものに変えようとか。企業は効率ばかりを求めてきたけれども、実は逆に不効率なことをしてきたわけですね。それで今、企業がそういうことをし始めていますよね。

小原　それは新しい兆しですね。消費者の意識が変わってきたからだと思います。最近、世界の各地で地球温暖化やプラスチックによる海洋汚染をリアルなものとして体験したり、見聞きしたりするようになってきたことが、意識の変化を促していると考えられます。ヨーロッパでは、今まで経験したことのないような高い気温になったり、スイスの氷河が溶けたりしています。日本を含め、世界の多くの地域で、大きなハリケーンや台風の数が増えていますが、これも地球温暖化と関係していると言われています。こうした尋常ならざる変化に多くの人が気づき始めていると思います。

福井　そこにだんだんと気づいてきたのだろうな、と思います。ちょっと話が飛躍するかもしれませんが、だからこそ私は、知的に重い障がいがある人たち、仲間の人たちと共に歩んでいくことに意味がある、と思うのですよね。

小原　その飛躍はすばらしい飛躍です。地球環境の問題に向き合うことと、知的に重い障がいがある人たちと共にいることは一見別もののように見えますが、この二つを合わせて見る感覚が大事だと思います。私たちは技術の進歩によって人間も進歩しているかのように錯覚したり、生産性をあげるためには環境を破壊し、モノを大量廃棄しても平気で、人間すら道具のように扱ったりする社会の中で、それはおかしいのではないか、と立ち止まるための視点が必要です。合理性や生産性の視点だけからは理解できないような人間関係や、人間と物との関係に触れるとき、それを日常的に経験していない分、ハッとさせられます。新鮮な驚きを感じるわけです。現代社会のあり方を外側から見せてくれる、そして、違うタイプの生き方ができることに気づかせてくれるような役割を、止揚学園は担えるのではないでしょうか。

福井　私は、障がいがある仲間たちと共に歩むというのは、そういうことではないかと思います。この人たちがいろいろなことができるようになったら、それはそれで喜ばしいことですが、年を重ねていくと今まで以上にできなくなっているのが現状です。そのようななかで、それを認めて、そこにどんな価値を見いだせるか、というのが止揚学園の園長として私がこれからも考え続けないといけないことだと思っています。社会が進歩しないということを考えるのも私は今求められているのではないのか、と思うのです。今「進歩しない」と言いましたが、実はそれが「進歩」なのかもしれません。

小原 違う進歩の仕方ですね。人間の生活能力を考えると、思いどおりにならないこと、できないことがどんどん増えていくことはあり得ます。それは、知的に障がいのある方だけの話ではなくて、今普通に生きている人も、みんな年をとったり、病気になったりすれば、それまでできていたことがどんどんできなくなっていくわけです。人間は年をとるごとに、できなくなるほうへと傾いていきますから、これは人ごとではありません。みんな同じ道を歩まないといけないのです。そのときに、「できなくなること」を、「生産性が下がった」とか「価値が下がった」とかと考えなくてもすむような価値観を共有できる社会を、どうやって作っていくかが課題ですね。

福井 私たちもいつかは同じようになる、というような話は本当にしにくいのですよ。たとえば、今日の食事の時、私の隣にいたカヨさんは長い間、止揚学園でいっしょに生活してきました。カヨさんのお母さんもいっしょに年を重ね、ご高齢の方が入るリハビリセンターに入られました。それで、カヨさんといっしょにお見舞いに行きました。そこでご高齢の人たちの中にカヨさんが入ったら、周囲と全く変わらず、同じように見えたのです。

カヨさんが一番穏やかに見えました。

私は、先生のお話は極端ではないと思います。結局は、最終的にみんな同じようになる、と思うのです。ならない人もいますが、なる人もいます。カヨさんは、一つの社会、止揚学園という一つのグループの中で認められて、知的に重い障がいはあっても、その中で人間関係を結んできて、社会的な生き方をしてきています。だから年を重ねた人の中に入っても、何の違和感もなく見えたのだと思います。

若い世代の人たちと社会福祉の仕事

小原　先ほどＡＩのことに触れられていましたので、少し将来のことも考えてみたいと思います。今、日本は「少子・高齢化」に向かっています。それに対応するために社会福祉事業のあり方にも関心が向けられていますが、理想どおりにはいっていないという現実もあります。止揚学園には、今年新しい職員さんが二名入られました。若い人にも社会福祉の仕事に関心を持ってもらい、良い形で世代交代がなされていくと、社会福祉に対する関心の裾野も広がっていくと思います。しかし他方、他者に無関心であったり、個人主義的な傾向が強くなっていったりするのではないかということも、記事（本書一一二～一一三頁）

の中で指摘されていました。そのような社会の中で、多くの人に社会福祉という仕事の大切さに気づいてもらうために、どういうことができるでしょうか。

福井　私は、目に見える奇抜なことや、「こういうことをしたらいい」といった具体的なことは、今は思い浮かびません。ただ、この間、同志社大学の学生さんが来て、こんなことを話してくださいました。「行く前は、本当に私たちはどうしたらいいかわかりませんでした。介護をしなければならないとか、話しかけなければならないとか、何かをしてあげなければいけないとかと思いながら、ある程度覚悟をして来たような気がします。けれども、実際にいっしょにプールに入ったり、いっしょにご飯を食べたり、いっしょに外出したりしているうちに、そんな心配はなくなりました。本当に楽しかった！」と。本当は「そこから」なのかもしれませんね。「楽しかった」という感覚をまず持たなければ、何も始められないなと思います。

小原　まったくそのとおりです。理屈よりも、楽しいという感覚が大事ですよね。

福井　今まで接したことのない、自分たちとは全く違う人たちだと思っていたけれども、いざ実際にいっしょに何かをすると、同じことを感じ、通じるものがあった、と言っていました。まずそこから始めることが大切ですね。

小原　若い人でも、まじめな人は、「差別してはいけない」とか、「知的に障がいのある

人たちの手助けをしなくてはいけない」といった感覚が先に立つと思います。確かに出発点においては義務感も大事です。しかし、その後、ご飯をいっしょに食べたり、プールに入ったりして、生活を共にするなかで、「この人たちといっしょにいることは楽しいな」という思いを持てたとすれば、その人の後の人生が変わりますね。そうした経験をできるだけ多くの人に持ってもらいたいな、と願っています。特に、考え方を柔軟に変化させることのできる若い時代にそれができればいいなと思います。それは中学生の時でも、高校生の時でも、大学生の時でも、いずれの段階でもいいのですが、それぞれの年代において、ふさわしい気づきを与えてくれるはずです。障がいのある人たちと「いっしょにいる」こ

とによって、今まで経験したことのない新しい楽しさを知ることができれば、その経験は、その人の価値観や人間観を変えていくでしょうし、単に助けてあげようというだけでなくて、同じ目線で相手を見るという感覚が芽生えていくのではないか、と思いますね。

福井　でも、それこそ今は個人主義で、仲の良い人たちとはすぐに親しくなるのだけれども、なかなかそこから離れて、違う人に出会いに行こうとすることをしなくなっていますね。かえって、危険なものから自分を守らなければならないという気持ちが湧いてきています。たぶんそちらのほうが強いと思うのです。関係を持つというのは、実は脅威でもあるということですね。私は今インターネット世界の話をしているのですが、ある意味で「人と交わらなければいけない」ということがわかっていて、みんなとつながっているのでしょう。けれども、つながっているといっても、自分のことを守りながらです。それが現代の個人主義ではないのかな、と思ったりするのです。だから、現代のこの個人主義の中にあって、自分のグループの外の他の人たちとの関係を結びにくいなかにあって、知的に重い障がいのある仲間たちとつながるというのは、二重に難しい状況になっているのかな、と思います。

小原　ご指摘いただいた問題は、確かに現代的ですね。インターネットによって増幅された、内と外を分ける個人主義が、結果的に、知的に障がいのある人たちとのつながりを妨げるかもしれないという点も納得できます。この問題は、広くとらえれば、大昔からずっとある古くて新しい課題です。まず自分が大事で、その次は家族や、自分に近い人たちを大事に思うというのは自然な感情です。しかし、自分に近い閉じられた関係の中だけで、やりとりがなされ、外部世界への関心や関係が乏しくなると、おのずと壁ができてきます。壁があることをお互い意識することによって、すみ分けをするということも可能ですが、壁によって相互無関心が進んでしまうと、差別感情や敵対感情が生まれることにもなります。

このことをキリスト教に即して考えることもできます。「私たちと彼ら・彼女ら」を分ける境界線は、二千年前のイエスの時代にも当然あって、その一部は宗教によって作られていました。ユダヤ教の戒めは、ユダヤ人が食事をするとき、食卓の場に招いてもよい人と、よくない人の区別を教えていました。ユダヤ人の食卓に、罪人とされた人や異邦人たちを招くことはタブーでした。それが当時の共同体のルールだったわけです。ところがイエスは罪人を食卓に招きました。また、イエスの弟子たちは、ペテロのように最初抵抗感を覚えていた人もいましたが、異邦人を招くことで食卓の場を広げていったのです。そうした垣根を越えていくことの大切さを、弟子たちはイエスから学び、それを実践していったということです。このようなチャレンジを、現代の私たちがどのように受けとめ、実践できるかが、問いとして投げかけられているのではないかと思うのです。

SNS、デジタルの力

福井　止揚学園は週に一度、職員会があります。そのときは入園している仲間たちもみんな集まります。結婚している人たちもみんな会議に参加できるように、子どもたちもいっしょです。机をロの字型にして、子どもを真ん中で遊ばせながら、職員はテーブルを囲んで、その周りに障がいのある仲間の人たちがずっといっしょにいる、という感じです。総勢八十人から九十人くらいになります。その中で、いろいろな意見を交わします。目と目を合わせて、お互いが言葉を交わしていきます。いろいろな発想や、これからのことが、たくさん生まれてきています。みんなが関わって新たなものが生まれてくる、という感じです。

　これは本当に素晴らしい時間だと思っています。すると、若い職員の一人が、「でも、ＳＮＳの意見を聞くことも、やはり大切ではないでしょうか。今の時代、そうしないと、絶対負けますよ」と言ってきました。ＳＮＳは、ここにいる人だけの意見ではありません。スマホの中に、得体の知れないすごい力があるわけですね。そう考えると、今まで話し合ってきたことが、全部これに負けてしまうのです。でも、そこに書かれている意見は、私たち八十人のことを全く知らない人の意見です。それでもやはりみんな脅威を感じるのです。ＳＮＳはものすごい力を持っていますから。けれども、私はそのときに、「でも、本当にそうなのだろうか。ここにいる仲間の人たちは、このネットの意見の中に住むことができない。だから私たちはこの人たちといっしょに住んでいるのではないか」と言ったわけです。私たちがネットの意見に合わせようと思ったら、仲間たちはいっしょにここに住めないのではないか。ここは、障がいのある人たちが生き生きと生きている場所。この人たちといっしょに住めないものを、わざわざここへ持って来る必要はないのではないか、と。それともう一つ。あなたの話を、仲間たちも聞いているのですよ、と。この障がいのある人たちは、スマホなんて操作できません。それにもかかわらず、あなたはネットの意見を、これまで一時間もみんなで話してきたところに入れるのですか、と。そう話したら、素直にわかってくれました。

これほど、スマホの持っている力はすごいな、と思うのです。この中にいるにもかかわらず、一人がスマホを持っていたら、どんどん違う世界とつながっていく。だからイエス様がいくらみんなを集めたとしても、その中の一人がスマホを持っていたら、どんどん違うところとつながっていってしまう、と思います。

小原　たいへん興味深いエピソードです。人間には、デジタルなもの、バーチャルなものに憧れる気持ちがあります。空間を超えたつながりに憧れるという感覚は、大昔からありますが、その願望が現代では技術によって、かなりの程度実現できるようになりました。それだけに、目の前で話し合うような身体的なリアルなつながりをどのように評価していくのかが、これからは大事になっていくと思います。ＳＮＳなどでは、つながることのできる人の数が、一昔前の技術とは全く違いますから、確かに影響力は絶大です。しかし、そこで語られていることが真実であるかのように感じられたとしても、自分にとっての現実や真実を確認する視点を、それ以外の場所に持っておくことが、ますます大切になってくるでしょう。生身の人間同士のつながりの中にあるリアルをしっかりと受けとめることのできる感覚は忘れてはならないものだと思います。

福井　でも、あまりにも大きな脅威です。ある程度知識と学問があって、これは正しくない、とわかっている人も確かにいますが、若い人たちにとってはこれがすべてかもしれません。それを覆すことはなかなかできないと思います。

小原　そうです。覆すことは非常に困難ですね。しかし、批判的な距離をとって向き合うことは可能だと思います。

福井　私たちは、これからもそういう世界と向き合っていかなくてはならないのですね。

小原 そうです、それは避けることができません。問題は、いかに折り合いをつけていくかです。デジタルの世界の中で充足してしまっている現代人に対して、あなたたちが見ている世界は、現実のごく一部にすぎないのですよ、ということをはっきりと言うことができれば、それは止揚学園の強みになるだけでなく、この社会に対し、折り合いのつけ方を考えさせるきっかけにもなります。止揚学園は、デジタルの世界の中では体感できないような、命のつながりがここにあると示すことができます。

インターネットによって無数の人とつながることができる時代に、皮肉にも、私たちは「となり」にいる人の声や息づかいを感じ取ることができなくなっています。隣人愛における「隣人」の姿が希薄になっていると言い換えることもできます。止揚学園の仲間の人たちが、私たちの「となり」にいてくれるという感覚は、インターネット上の何千万人という人々に対し、貴重な問題提起ができると思うのです。これは聖書の言葉でいうと、「地の塩」ということになります。わずかであっても、大地には塩気が必要です。今の時代は、塩気を失いつつある時代かもしれません。そのような時代の中で、デジタルに没入する現代人の目を覚まさせるような、ピリッとする塩気を、止揚学園がどういうかたちで提供できるかについて関心を持っています。

福井 仲間の人たち、知的に重い障がいがある人たちは、スマホを操ることができません。私は決してスマホを否定するわけではありませんが、私たちの関係は、やはり肌と肌の関係なのです。手と手のつながりの関係です。そういう意味において、私は若い人たちに、大げさな言い方かもしれませんが、人類が生き残っていく一つの生き方がここにあるのではないかと言いたいのです。

小原　先ほどのお話では、学生がここに来て、いっしょに食事をすることから始まって、掃除をしたり、お風呂に入ったり、食事を作ったり、雑草を抜いたりしながら、普段の生活とは違うことを体験しているということでした。そこに大きな意味があると思いますね。日常では指先がスマホから長時間離れることがない生活をしている現代の若者にとって、自分の指先や体を、スマホ以外のものに向けるというのは、貴重な非日常の経験になり得ます。

食事の時間は、止揚学園ではとても大事な時間です。しかし、止揚学園と同じような食事の風景は、現代では少なくなってきているように思います。たとえば、大学の学生食堂へ行くと、全く違う光景を見ることができます。学生が一人で食事をする場合、食べものを載せたトレーをテーブルに置くと、すぐにスマホの操作を始めます。スマホで何かを見ながら、片手間に口にものを運んでいるといった様子です。人と共に食事をして、その時を楽しむ、時間を共有するというのではなくて、スマホと共に食べています。以前はすごい光景だなと驚いていましたが、今では当たり前になってしまいました。それでも、ふと冷静に見てみると、食事が単なる栄養補給になった、スマホ中心の現代の食事風景には異様なものを感じることがあります。それが今日の避けがたい日常の一部だとしても、それとは異なる時間の持ち方、体の使い方、手足の動かし方を経験できる別の場所や時間がないと、人間はスマホによって作り出される世界にどっぷり浸かって、自分自身を批判的に対象化することができなくなると思うのです。バーチャルな仕組みの中に完全に取り込まれてしまうからです。

福井　けれども、社会はそちらのほうへ舵を切っていますよね。だからこそ、今この福祉の世界、人と人とのふれあいの世界が必要なのだと思うのです。これは人間にしかできないことだと感じます。だから、これから本当の人間性が問われていくのではないか、と思います。

天国からのまなざしとキリスト教信仰

小原　人間である以上、年を取り、病気になるという点で、例外はありません。ここにいる仲間の人たちの中にも、病気になったり、年を取ったりして亡くなる方がおられます。

それまでいっしょにいた仲間の人たちがいなくなるということを、ここにいる人たちは、なんらかのかたちで受けとめていると思います。死をどうとらえるかは、だれにとっても難問ですが、止揚学園では、亡くなった人たちのことを、歌にして思い出したりしています。そのようなとき、天国という言葉を使うこともあるでしょう。実際のところ、今までいた仲間の人たちが亡くなった場合、どのように説明しているのですか。これは大きな宗教的なテーマになりますが。

福井　みんな、亡くなってもここにいっしょにいてくれる、と思っていますね。神様がいつも守っていてくださって、ニコニコと笑って私たちのことを見ていてくれる、と私が普段から話すためでしょう。私たちの目の前からは確かにいなくなってしまったけれども、いっしょにいてくれる、と素直に思ってくれています。だから、生活の中で、まるで今もその人がいるように、召天された方々の名前を「ジュンちゃん、ジュンちゃん」とか「お母さん、お母さん」とか言います。そういう意味で、死は完全な終わりではありませんね。

入院していたテツオさんが亡くなったのは、朝方だったので、みんなまだ起きていませんでした。私は朝ごはんの時に、テツオさんが亡くなったことを、みんなに報告しました。「テツオさんが朝、病院で神様のもとに召されました」と言うと、やはり動揺するのですよ。漠然と死は怖いと思う人もいます。今までいた人がいなくなるわけですから。その動揺を収めること、安定させることは、私の力では不可能です。そのときに、「神様が守ってくださっていることに感謝いたします。今この時も、テツオさんはニコニコと笑って私たちのことを、神様のもとで、平安のうちに見つめてくれています。そのことを本当に感謝します」と祈ることで、動揺や恐怖、不安がなくなるのです。それからの一日、みんないつもと同じように過ごしてくれました。そういうことを通して、仲間の人たちが死は断絶ではないと感じている、と私は思います。

小原　それは、普段からお祈りをする習慣が身についているからでしょうね。亡くなった時だけ、急に天国の話をしたり、お祈りをしたりしたとしてもわからないと思うのです。

福井　ここではやはり神様の恵みが先行していますね。生まれたときから神様に愛された子なのでしょう。

小原　なるほど。「神様の恵みが先行する」ということですが、止揚学園の仲間の人たちの多くが洗礼を受けていますね。可能な人は日曜日に礼拝に行きますし、食事のたびにお祈りをしています。その意味では、皆さんはキリスト教的な生活をしておられるわけですが、止揚学園において、仲間の人たちとともにいることと、キリスト教信仰の関係は、どのようなものでしょうか。

福井　関係というよりも、ご飯を食べる前にお祈りをして、食べたら神様に感謝して終わるということが、私たちの日常です。空気みたいなものです。私がクリスチャンで、私たちがそういう生き方をしていますから、それが普通のことなのですよ。信仰のうちに生かされていることが前提で、その中で日々を送っています。信仰のうちに生きているから、信仰のうちに帰るということですね。終わりは信仰に戻っていきます。それで断絶がないのですね。仲間の人たちとともにここで生活をするなかで、そういうことを感じます。

「私の信仰」ではなく、「私たちの信仰」

小原　最近新しく止揚学園に入って来た人がおられると思いますが、その人たちは、どうですか。時間をかければ、ここでのライフスタイルに馴染んでいけるものなのでしょうか。

福井　それはもう、私がどうのこうのと言うことではないかもしれません。でも、教会にはいっしょに行きますね。当番があったら、ちゃんとお祈りもします。おそらく、もう信仰のうちにあるのでしょう。私たちがそうなので、その人も同じ道にあるのでしょう。

小原　その場合、「信仰のうちにある」とは、そこにいる全員を含む信仰の交わり、信仰の共同体があって、その中で一人ひとりがちゃんと居場所を持っている、というイメー

ジだと思います。ただ、一般的には信仰はとても個人的なものであると考えられてきました。特に近代以降、その傾向が強くなっています。「ほかの人はいざ知らず、私はこれを信じます」といった感じですね。それだけに、止揚学園の仲間の人たちといっしょに教会に出かけ、一人ひとりが当然のごとく「信仰のうちにある」という感覚には、近代の信仰観からこぼれ落ちてきたものを見るような思いがします。つまり、「私の信仰」でなくて、「私たちの信仰」です。一人ひとりの中に確かなものがあるかどうかはわからないけれども、大きな信仰の交わりの中に、その小さな一人も置かれているという事実からくる信仰です。その中には、自分でお祈りできる人もいれば、言葉で表現できない人もいるでしょ

う。しかし、その中に置かれているのだから、この人はクリスチャンである、と言えるような関係を認め合っている点に、止揚学園とキリスト教信仰のユニークなつながりがあると思います。ですから、先ほど言われた、「神様の恵みが先行する」という場合には、それは神の恵みが人間の条件に先行しているということです。つまり、その人がどういう知識を持っているか、どれほどの知能を持っているかに関係なく、「神様の恵みが先行する」。神の恵みに人は従っていくだけ、加えられていくだけです。その確信があれば、止揚学園の仲間の人たちは信仰のうちにある、と堂々と宣言しても何の問題もないと私は思います。

しかし同時に、ある種の神学論争を想定することもできます。伝統的な教会では、クリスチャンになるためには、洗礼を受ける前に、自分の口で信仰告白をすることが求められます。教会員の前で、自分が洗礼を決意するに至った経緯などを告白するわけです。これには、聖書的な根拠があります。新約聖書の「ローマの信徒への手紙（ローマ人への手紙）」一〇章九節に、「口でイエスは主であると公に言い表し、心で神がイエスを死者の中から復活させられたと信じるなら、あなたは救われるからです」（新共同訳）という言葉があります。これに基づいて、口で告白するということが洗礼の前提条件とされました。ヨーロッパでは幼児洗礼の伝統があるので、この問題が回避されてきた面もありますが、日本のようにクリスチャンが多くない国では、言葉を発せられない人は洗礼の対象とみなされないということが、しばしば起こりました。はっきりと話すことのできない、知的に重い障がいのある人たちは、信仰共同体から排除されてきたと言えます。

ところが止揚学園では、その問題が自然に乗り越えられています。そもそもクリスチャそもそもクリスチャンとは何なのか。聖書をある程度理解して、キリスト教の知識があって、信仰告白をすることができて、そうした条件を満たして初めて「クリスチャン」になるのでしょうか。もしかしたら、そうした前提は私たちの思い込みかもしれない、という問いを止揚学園は投げかけているように思います。

福井　言葉というものが私たちをどれほど遠ざけていくかということも、私たちはしっかりと認識しなくてはいけないと思います。言葉を話すことによって、かえって私たちは、本来あるべき自分たちの状態、自分たちの存在を限定しているとも考えられるのではないでしょうか。怒られるかもしれませんが、洗礼の時に信仰告白をすることで、逆に、自分たちの本当の意味や思いを否定することもあるのではないかと思ったりするのです。仲間の人たちは、言葉はありませんが、私たちが生きている意味を、私たちがクリスチャンであるということを伝えてくれているのです。

小原　言葉は、ある種の道具ですから、両刃の剣なのですよ。ですから、自分の心を表現することもできれば、偽りを言うことも、人をだますこともできます。だから信仰告白も、極端な言い方をすれば、でっち上げることもできるわけです。言葉の持つ危うさのようなものは根本的になくなりません。

福井　私は、仲間の人たちはみんな、神様がこの世に送り出して、こうして出会わせてくださった存在であると思っています。

小原　それは、この人たちは生まれながらにして、神様に愛されている存在だということですね。そこが一番大事な点ですね。

福井　私は与えられた命に対して、条件をつけてはいけないと思っています。そこから差別や障がいが生まれてくるからです。障がい者を新たに作り出したらいけない、と思います。

小原　そのとおりですね。すべての人が等しく神様に愛されているということが大前提ですね。

福井　そうですね。すべての人が神様に愛されて、神様が送り出してくださった、というところですね。

小原　その視点に立ちさえすれば、「障がい者」という言葉を使う必要もなくなるでしょう。

福井　送り出してくださるところの過程においてはですね。

小原　すべてのものが神様によって愛されて、神様によって遣わされている、という前提に立てば、当然だれもが同じ尊厳、同じ価値を持っているわけですから、そこに序列をつける必要はいっさいありません。ただ悲しいかな、人間の歴史の中では、序列や区別をつけて、「俺のほうが偉いんだ」とか、「あいつらは違うんだ」という方向にいってしまうことが少なくありませんでした。キリスト教の歴史の中でも、もともとはイエスに従って行く、というだけでよかったのが、「これを理解しているか」「これもわかっているか」みたいに、条件をたくさんつけるようになってしまいました。原点に立ち返ることが大切だと思います。

「止揚」という言葉の意味

福井　園長になってから、いろいろなところでお話しする機会があるのですが、そこでよく出る質問があります。「止揚学園の『止揚』って、いったいどういう意味ですか」というものです。

小原　確かに今の時代、「止揚」という言葉はわかりにくいかもしれませんが、止揚学園ができたころ、「止揚」という言葉は、とても流行っていました。「止揚」はドイツ語の

「アウフヘーベン」の訳語です。当時、マルクス主義が若い人の関心を引きつけていましたが、そのマルクスの歴史観の基礎を与えたのが哲学者ヘーゲルの弁証法でした。弁証法も説明を要する言葉ですが、それはギリシア思想の対話術に由来する長い歴史を持っています。ヘーゲルは、事物の発展は矛盾対立によって行われると考えました。ある一つの要素が他の要素によって否定されたとしても、完全に捨て去られるわけではなく、その要素も保存されて、より高い次元に引き上げられていくという考え方です。それをヘーゲルは「アウフヘーベン」と呼びました。「テーゼ」(命題)、「アンチテーゼ」(反対命題)、「ジンテーゼ」(総合命題)や、正・反・合とも呼ばれる段階的発展が「止揚」の中身だと言ってよいでしょう。葛藤を通じて、新たな次元を見いだしていくというのが、おそらく止揚学園の「止揚」に託された意味であると思います。

福井　「障がいがある者」と「障がいがない者」がぶつかり合って、新たな次元に到達する、ということですね。新たな次元とは、「障がい」という概念がなくなる次元だと私は思っています。

小原　そうです。そのように説明するのが一番良いと思います。

福井　それでは、「止揚学園の『止揚』にはどういう意味があるのですか」と聞かれたら、なんて答えればいいのですかね。

小原　今の時代に、ヘーゲルの弁証法の説明から始めると、さらにわかりにくくなってしまうので、まずはストレートに、止揚学園の「止揚」はドイツ語の「アウフヘーベン」から来ています、と言うのがよいと思います。そして次に、「アウフヘーベン」の説明をしてはどうでしょうか。「アウフヘーベン」は多義的で、否定する、保存する、引き上げる、といった複数の意味を持っており、そこから、異なる要素がぶつかり合うなかで高い次元に達するという哲学的な意味も出てきた、と説明できます。こうした意味の広がりを持った「アウフヘーベン」を日本語に訳すのは大変ですが、苦労の末、「止揚」という新しい言葉が作られました。「止」は否定を、「揚」は引き上げることを意味していますので、漢字二文字で「アウフヘーベン」のニュアンスを表現した、なかなか良い訳語だなと思います。

福井　やっぱり数十年前とは違った意味合いで、言っていかなければいけませんね。

小原　そう思います。ヘーゲルは、歴史が発展していくという「進歩史観」に立ちましたが、今の時代から振り返ると、それが本当に正しかったかどうかは、きわめて怪しいものです。十九世紀の終わりくらいまでは、ヘーゲルのように歴史は段階的に進歩していくと信じていたヨーロッパの人たちがたくさんいましたが、その後の歴史を見ると、それほど楽観的にはなれませんね。

福井　先生の書かれた本の中にも、「お金が神となっていた」とありましたね。

小原　そういう時代でした。理性や合理性に基づいて、富や人間の幸せがひたすら増大していくだろう、という未来像を、十九世紀の末くらいまでは思い描いていたのです。ところが、そうした楽観的な人間観や歴史観は、二つの世界大戦の経験によって根本的に覆されることになります。人類の進歩や幸福どころか、もうそれとは全く真逆の、とんでもない殺戮と破壊が行われて、歴史は単純に進歩するものではないことに多くの人が気づくことになりました。また、進歩史観をどうやって乗り越えていったらよいのかという課題に、二十世紀の哲学や神学は取り組むことになりました。「アウフヘーベン」という言葉も、時代の中で読み替えられていったのです。

福井　「止揚学園」はとても大きな命題を背負っている、と思いますね。園長になって気づいたのはそこです。「止揚学園」の「止揚」とは何ですか、と聞かれて、ずっと考えてきました。

小原　そうだと思います。止揚学園が背負っているものは大きいのですよ。それだけに、講演などで「止揚」とは何か、と聞かれたら、しっかりと答える必要がありますね。

福井　最近、みんな「止揚」と言いませんからね。

小原　言いませんね。日常会話に「止揚」という言葉が出てくることはありません。しかし、振り返ってみると、「止揚」はとても良い言葉です。だれもがわかる単純な言葉より、説明を要するような言葉のほうが、絶えずミッションを自覚することができて、良いと思いますね。ところで、講演などで、ほかにどのような質問をされますか。

福井　やはり、私たちが「生産性が全くない」ことに意味を感じる、と言っていることに対して、「それでいいのか」と何人かが言ってきますね。もっと向上心を持つべきではないか、と。そのお話を聞くと、人間は進歩することを求めるものなんだな、と感じます。ちょっとでも新たなことを知りたいと望み、そして、またさらに新たなことを知りつつ、そのことに生きがいを見いだすものなんだ、と。ここでいっしょに生活している障がいのある人たちは、目に見える面においては後退していく人たちなので、九九が明日は2の段に進むという人たちではありません。私は、そこに希望を見いだす方法を見つけていく必要があるのではないか、と思っています。

小原　おそらく真面目な人ほど、生産性や向上心の有無を真剣に受けとめるのだと思います。そうした人は向上するために努力をしてきたに違いありません。努力して、それに見合った成果を上げて幸せを感じるのは、ごく自然なことです。そのような努力をしてきた人たちが講演を聞いて、「何もできないことに、むしろ意味がある」と言われると、「向上心を持つことに意味がないのか」という問いが出てくるのもわかります。この二つは、先ほど述べた、「テーゼ」と「アンチテーゼ」の関係にあります。一方に、「自分をより良くしなさい」「向上心を持って生きることが人生の目的だ」というテーゼがあり、これが現代社会では圧倒的に強いわけです。それに対して、「いやいや、そうではない」「何もできなくても、いや、ますますできなくなったとしても価値がある」というアンチテーゼが、講演の中で投げかけられます。その投げかけられたアンチテーゼを受けとめて、テーゼと葛藤させながら、まさに止揚することによって、新しい次元に到達できればと思います。しかし、自分の中でその課題を十分に整理できない場合には、質問として出てくるのでしょう。

福井　できる人や向上心のある人は、どんどんやっていったらいいと思います。私はそのことを認めます。「それは本当に大切なことです」とお話しします。かつ、「これから後退していく人たちも認めなければならないのではないか」と話します。「私の本意としているところは、そういうことなのです」とお話しするのです。

小原　もう一つのポイントは、向上する目的は何かということです。一般的には、自分自身のためです。自分の人生をハッピーなものにするために向上するということです。努力して得た知識やスキルは、すべて自分に還元されるわけです。そこで逆に問いとして返すことができるのは、「あなたが向上した結果、それは自分以外のためにどうやって使うのですか」ということです。努力の結果、他者へと視線が動くような機会が、残念ながら日本の教育システムの中にはありません。あなたが成功するために、あなたがあなたの人生の成功者になるために、今はとにかく勉強しなさい、ということを親も先生も言い続けているわけです。しかし、「学んだ結果を、自分以外のだれかのために使う喜びを感じますか」と問いかけることはできます。そのときに、自分では何かと思う通りにできない人に対して、ぐっと手を差し出すことができたなら、その行為が「テーゼ」と「アンチテーゼ」を向き合わせ、新しい次元へと引き上げていくことになります。これが「止揚」です。

福井　そうですね。だから勉強ができるようになるというのは、本当に良いことですよね。勉強して得たものを、他の人たちにも分け与えられるのですから。

小原　さきほどのような質問が出てきたときこそ、「止揚」という言葉を使うとよいでしょう。「二つのテーゼがあるけれども、それを『止揚』していくのが、あなたのこれからの人生ですね」という返答ができると思いますね。

福井　ありがとうございます。やはり「止揚」が必要なのですね。

小原　そうですよ。それはとても大切な言葉です。最後の決め台詞に使わないとね。

「止揚なき時代」の「止揚学園」

小原　今の時代は一言でいうと、「止揚なき時代」です。一昔前なら、テーゼとアンチテーゼを自分の中に抱え込んで葛藤しながら、「アウフヘーベン」し、自分の立ち位置を確認することができました。しかし、現代では、膨大な情報に取り囲まれながら、皮肉なことに、自分に都合の良い情報、自分に心地よい情報だけを取り入れて、自分に葛藤を引き起こすアンチテーゼに接する機会が少なくなっています。自分にとっての「テーゼ」だけで、「アンチテーゼ」が飛び込んできません。結果的に、「止揚」のチャンスがないのです。だからこそ、この「止揚なき時代」に対して、「止揚学園」がチャレンジをするのです。

福井　止揚なき時代の「止揚学園」ですね。

小原　今日の対談を一言でまとめるなら、その言葉がぴったりだと思います。本当に現代は「止揚なき時代」です。他者の意見に耳を傾けたり、他者に手を差し伸べたりするのが難しい時代です。だからこそ、この時代に対し、挑発的な「アンチテーゼ」を示して、深みのある「ジンテーゼ」を引き出すような「アウフヘーベン」、止揚が必要なのです。

福井　大きな使命があるのですね。今日は長時間、ありがとうございました。

小原　こちらこそ、有意義な時をありがとうございました。

（二〇一九年九月四日、止揚学園にて収録）

あとがき

たくさんの皆様の温かいお祈りの中で、このたび『笑顔のうちにあるもの』を発刊させていただくことになりました。

この「あとがき」を書いている二〇二〇年の二月の初め、新型コロナウイルスのことで世界の人たちは大きな不安の中に陥っています。感染する人、亡くなる人の数も増加しています。苦しみ、不安のうちにある方々のことを覚えて、祈っている毎日です。

いつのまにか世界は、私たちが思っているよりも狭いところとなりました。そして人間が豊かさを求めて、自然を切り開き、交通機関を発達させていくなかで、新たな未知なるウイルスとも対峙することになりました。そのウイルスも、人類と同じように自らの生命を維持していこうとしています。

あるテレビのコメンテイターがこんなことを言っていました。「前回の病原菌と比べて致死率は低いので、正しく怖がってください」と。私たちはこの言葉で安心するのではなく、抵抗力があまり強くなく、体力のない人たち、社会の中で弱い立場に立たされている人たちの生命が守られることをも祈っていきたいと思います。

私たちはおそらくだれも自分が人を差別しているとは言わないでしょう。けれども生命を目に見える数値としてのみ見て、人間に温かく優しい心が宿っていることを忘れてしまうとすれば、そこにすでに差別が生まれていることに気づく必要があるでしょう。差別は気づかないうちに、自らの中に侵攻していきます。

この数年、日本にやって来る台風の威力が以前にも増して強くなっています。そして、たくさんの方々の生命が奪われています。こうした中でも、亡くなった方々の人数を統計的にとらえるだけで、異常気象の原因ともいわれる温暖化に何の対処もせず、経済優先の方針を貫こうとしているのは、どうしたことでしょうか。

地球温暖化もウイルスの感染も、その元をたどっていくと、同じところに行き着くような気もします。それは、人類こそがあらゆる生命体のトップに君臨し、その中でも強い者が生き残る意味があるという考え方です。けれども、神様がお創りになった自然を破壊してしまう、こうした争いに希望があるのでしょうか。その勝者が最後に目にする世界の光景は、いったいどのようなものなのでしょうか。

私はそんなことを思いながら、ふと知能に重い障がいがある仲間たちのほうへ向き直ります。そこには笑顔がありました。その笑顔のうちに祈りがありました。すべての人を信じる心と祈りがありました。

この祈りに共感してくださる「いのちのことば社出版部」の長沢様、対談をしてくださった小原克博先生、巻頭の文章を書いてくださった木村良己先生に感謝しつつ、私はこれからもこの仲間たちの笑顔とともに、日々、明るい希望を胸に歩んでいきたいと願っています。

二〇二〇年二月

止揚学園 園長　福井 生

笑顔のうちにあるもの

2020年4月1日 発行

著　者　福井 生

印刷製本　日本ハイコム株式会社

発　行　いのちのことば社
〒164-0001 東京都中野区中野2-1-5
電話 03-5341-6922（編集）
03-5341-6920（営業）
FAX03-5341-6921
e-mail:support@wlpm.or.jp
http://www.wlpm.or.jp/

ISBN 978-4-264-04154-2

福井　生　著

あたたかい生命と温かいいのち

生命は温かいもの。でも、一つだけだったら、いつか冷めてしまう。だから寄り添って、みんなの生命を温め合おう。

知能に重い障がいのある仲間たちといっしょに育ってきた歩みの中で教えられたこと、信じ、信じられることの尊さを綴る。

●定価（本体一〇〇〇円＋税）